BIBLE in Hand 교양인을 위한 성경

구약 | 욥기

고난을 해석하는 제3의 시선

해제 **김근주**

봄이다 프로젝트

해제 김근주 | 기독연구원 느헤미야 연구위원

서울대학교 경제학과를 졸업하고, 장로회신학대학교 신학대학원에서
목회학 석사(M.Div.)와 신학 석사(Th.M.) 학위를 받은 후,
영국 옥스퍼드대학교에서 칠십인역 이사야서의 신학적 특징을 다룬
논문(The Identity of the Jewish Diaspora in the Septuagint Isaiah)으로
박사(D.Phil.) 학위를 받았다.
기독연구원 느헤미야 연구위원이며, 일산은혜교회 협동목사로 섬기고 있다.
〈복음의 공공성〉(비아토르), 〈특강 예레미야〉 〈특강 이사야〉(IVP),
〈나를 넘어서는 성경 읽기〉 〈소예언서 어떻게 읽을 것인가 1, 2, 3〉(이상 성서유니온),
〈구약의 숲〉 〈다니엘처럼〉 〈네 이웃을 네 몸과 같이〉(이상 대장간),
〈구약으로 읽는 부활 신앙〉(SFC출판부) 등을 펴냈다.
봄이다 프로젝트가 펴내는
Bible in Hand | 교양인을 위한 성경 시리즈 중 구약편 해제를 집필했다.

구약 | 욥기

고난을 해석하는 제3의 시선

믿음에 관심이 있거나 새로 예수를 믿게 된 사람들이 성경을 읽어야 하는데, 이때 전권을 주고 읽으라고 하면 질려서 잘 읽지를 못한다. 이런 사람들에게 이 책을 권하면 좋을 것 같다. 새번역을 사용하고 있고, 읽으면서 생길 수 있는 질문에 답을 주는 짧은 주석이 붙어 있어서 재미있게 읽을 수 있기 때문이다. 이 낱권 성경책은 특별히 비신자 전도에 집중하는 가정교회에서 잘 활용할 수 있을 것이다. 처음 성경을 접하는 분들이 성경을 쉽게 이해하고, 성경 읽는 데 자신감이 생길 것이다.

_ **최영기** | 휴스턴서울교회 은퇴목사, 국제가정교회사역원 초대원장

베스트셀러를 주로 읽는 요즘 사람들은 정작 인류 최고의 베스트셀러인 성경에는 무지하다. 일반인들이 성경을 읽으려면 먼저 성경은 종교적 경전의 모양새에서 벗어나야 한다. 이 책은 바로 그런 목적으로 출간되었다. 이제 종교적인 편견을 버리고 성경을 읽고, 세계 시민에 걸맞은 교양을 가져보자.

_ **방선기** | 일터개발원 이사장

거룩할 '성'과 날 '경' 자로 구성된 성경(聖經)은 우리 삶이 혼돈의 심연으로 빠져들지 않도록 지켜주는 수직의 중심이다. 사람들이 성경에는 오류가 없어야 한다고 믿는 것은 그 때문이다. 성경을 읽다가 모순되는 지점을 발견하는 순간 경건한 사람들은 마치 연모하던 이의 비밀스러운 모습을 본 것처럼 민망해한다. 기독교에 대해 반감을 가진 이들은 '잘코사니!' 하면서 공격의 빌미를 삼는다. 민망해할 것도 없고, 쾌재를 부를 것도 없다. 김근주 교수와 권연경 교수의 안내를 받아 성경 속을 거닐다 보면 그 모순 속에 담긴 삶의 심오함에 가닿을 것이다. 교회 밖의 사람들은 물론이고 기독교인에게도 이 책은 좋은 길잡이가 되어주리라 믿는다.

_ **김기석** | 작가, 전 청파교회 담임목사

일러두기

01

이 책에 사용된 한글 번역본은 대한성서공회의 허락을 받아 〈성경전서 새번역〉(2001년)을 사용했습니다.

기독교 성서를 번역, 출판, 반포하는 대한성서공회는 〈성경전서 새번역〉에 대해 "원문의 뜻을 우리말 독자들이 이해할 수 있도록 정확하게 번역하고, 쉬운 현대어로, 우리말 어법에 맞게, 한국교회에서 사용할 수 있도록 번역된 성경"이며, "번역이 명확하지 못했던 본문과 의미 전달이 미흡한 본문은 뜻이 잘 전달되도록 고쳤다. 할 수 있는 대로 번역어투를 없애고, 뜻을 우리말로 표현하려고 노력했다. 그러나 신학적으로 중요한 본문에서는 원문을 그대로 반영하려고 노력했다. 대화문에서는 현대 우리말 존대법을 적용했다"고 밝히고 있습니다.

02

성경 본문 하단은 성경을 읽으면서 생기는 궁금한 내용에 대해 질문과 해제 형식으로 담아냈습니다. 질문은 편집부에서 만들고, 해제는 구약성경은 김근주 교수(기독연구원 느헤미야), 신약성경은 권연경 교수(숭실대 기독교학과)가 맡았습니다.

성경 본문입니다.

장을 말합니다.

절을
말합니다.

겠고, 나를 애써 찾을 것이지만, 나를 만나지 못할 것이다. 29
이것은 너희가 깨닫기를 싫어하며, 주님 경외하기를 즐거워하
지 않으며, 30 내 충고를 받아들이지 않으며, 내 모든 책망을
업신여긴 탓이다. 31 그러므로 그런 사람은 제가 한 일의 열매
를 먹으며, 제 꾀에 배부를 것이다. 32 어수룩한 사람은 내게
등을 돌리고 살다가 자기를 죽이며, 미련한 사람은 안일하게
살다가 자기를 멸망시키지만, 33 오직 내 말을 듣는 사람은 안
심하며 살겠고, 재앙을 두려워하지 않고 평안히 살 것이다."

{ 제2장 }

지혜가 주는 유익

1 아이들아, 내 말을 받아들이고, 내 명령을 마음속 깊이 간직
하여라. 2 지혜에 네 귀를 기울이고, 명철에 네 마음을 두어라.
3 슬기를 외쳐 부르고, 명철을 얻으려고 소리를 높여라. 4 은
을 구하듯 그것을 구하고, 보화를 찾듯 그것을 찾아라. 5 그렇

갑자기 독자들을 '아이들'(1절)이라고 부르네요. 어린이들에게 주는 당부인가요? 어느 시대, 어느 사회에서든 마찬가지겠지만, 최초의 교육이면서 가장 중요한 교육이 일어나는 곳은 당연히 가정일 것입니다. 비록 많은 부모가 이를 잘 행하지 못해서 부끄럽기도 하지만, 가정이야말로 가장 근본적인 교육의 현장입니다. '아이들'이라는 표현은 가정에서 이루어진 교육을 반영합니다. 바울이 디모데를 자신의 아들이라 표현했듯이(딤전 1:2), 고대 세계에서 스승은 제자를 곧잘 '아들'이라 불렀습니다. 그래서 "아이들아"와 같은 표현은 스승 앞에 모여 있는 어리거나 젊은 제자들의 모습을 떠올리게 합니다.

잠언 21

약자를 말합니다.
〈성경의 구성〉(9p)을
참고하십시오.

성경의 해당 부분
책 이름입니다.

질문과 해제입니다.

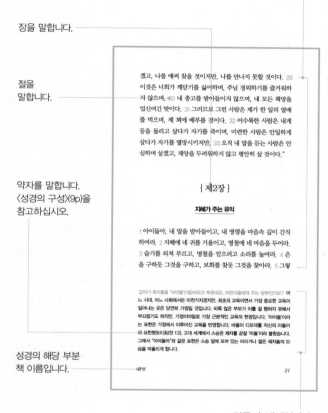

성경, 구약 39권 + 신약 27권

성경은 한 권의 책이 아닙니다. 기원전 1천 년 전부터 기원후 2세기에 이르기까지 아주 긴 시간 동안 쓰여진 다양한 책들의 묶음입니다. 성경은 66권의 책으로 구성되어 있습니다. 그 책들은 저자도, 내용도, 형식도, 분량도 모두 다릅니다. 성경은 크게 구약과 신약으로 구분되며, 구약은 39권, 신약은 27권으로 구성되어 있습니다.

또 성경에는 여러 종류의 번역판이 있는데, 이 책은 대한성서공회가 최근에 번역해 출간한 〈성경전서 새번역〉(2001년)을 채택하고 있습니다.

성경의 구성

구약

율법서	창세기(창) 출애굽기(출) 레위기(레) 민수기(민) 신명기(신)
역사서	여호수아기(수) 사사기(삿) 룻기(룻) 사무엘기상(삼상) 사무엘기하(삼하) 열왕기상(왕상) 열왕기하(왕하) 역대지상(대상) 역대지하(대하) 에스라기(라) 느헤미야기(느) 에스더기(더)
시가서	욥기(욥) 시편(시) 잠언(잠) 전도서(전) 아가(아)
대선지서	이사야서(사) 예레미야서(렘) 예레미야 애가(애) 에스겔서(겔) 다니엘서(단)
소선지서	호세아서(호) 요엘서(욜) 아모스서(암) 오바댜서(옵) 요나서(욘) 미가서(미) 나훔서(나) 하박국서(합) 스바냐서(습) 학개서(학) 스가랴서(슥) 말라기서(말)

신약

복음서	마태복음서(마) 마가복음서(막) 누가복음서(눅) 요한복음서(요)
역사서	사도행전(행)
바울서신	로마서(롬) 고린도전서(고전) 고린도후서(고후) 갈라디아서(갈) 에베소서(엡) 빌립보서(빌) 골로새서(골) 데살로니가전서(살전) 데살로니가후서(살후) 디모데전서(딤전) 디모데후서(딤후) 디도서(딛) 빌레몬서(몬)
공동서신	히브리서(히) 야고보서(약) 베드로전서(벧전) 베드로후서(벧후) 요한1서(요일) 요한2서(요이) 요한3서(요삼) 유다서(유)
예언서	요한계시록(계)

※괄호 안은 각 책을 줄여서 표기할 때 쓰는 약자입니다.

욥기

Job

욥기를 읽는 독자들에게

이웃의 고난을 대하는 신앙인의 모습을 돌아보게 하는 책

인생의 고난은 몇 번을 겪어도 힘겹고 고통스럽습니다.
더욱이 이러한 고난이 가난하고 힘들게 살아가는 사람들이나
어린 학생들에게 일어나는 것을 볼 때,
우리는 하나님의 뜻이 대체 무엇이며 어디에 있는지 이해하기 어렵습니다.
안타깝지만 욥기는 그에 대해 쉽고 명쾌한 답을 주는 책이 아닙니다.
그러나 분명한 사실은 제아무리 옳은 말이라도,
성경 말씀을 그대로 암송해서 하는 말일지라도,
상대방의 맥락과 상황에 맞지 않으면 폭력이라는 것입니다.
그러므로 우리는 겸손하게 욥기를 읽어가는 태도가 필요합니다.

욥기는 문학적으로 서로 확연하게 구별되는 두 부분으로 이루어집니다. 욥기 첫 부분인 1-2장과 마지막 장인 42장의 7-17절은 산문체의 내러티브인 반면, 3장에서부터 42장 6절까지는 대체로 3+3의 운율을 지닌 시 형태로 되어 있습니다.

처음 1-2장의 내러티브 본문은 가운데 놓인 기다란 시 부분의 배경으로 제시되며, 3장부터 전개되는 욥과 세 친구 사이에 주고받는 논쟁을 이해할 수 있도록 돕습니다. 만약 1-2장이 없었더라면 아마 오늘의 우리 역시 세 친구들이 하는 말이 옳다고 생각할 수도 있고, 적어도 욥과 세 친구 가운데 어느 쪽이 타당한지 판단하기 어려웠을 것입니다. 마지막 42장 7절 이하는 하나님께서 욥에게 주신 회복을 다룹니다.

3장 1절부터 42장 6절까지를 욥기의 본론이라 할 수 있는데, 이 본론은 자신이 태어난 날을 저주하는 욥의 독백으로 시작합니다(3장). 4장부터 27장까지는 욥의 세 친구들과 욥 사이에 오간 논쟁입니다. 세 친구들은 현재 욥이 처한 현실로 보건대 그의 죄 때문에 하나님께서 벌하신 것이라고 줄기차게 말하면서, 욥에게 자신을 돌아볼 것을 촉구합니다. 반면 욥은 끝까지 자신에게 문제나 죄가 있다고 인정하지 않으며, 자신은 이렇게 심판받을 만한 죄를 짓지 않았다고 말합니다.

첫 번째 대화인 4-14장에서는 엘리바스(4-5장), 욥(6-7장),

빌닷(8장), 욥(9-10장), 소발(11장), 욥(12-14장)이 차례로 말합니다. 15-21장에 등장하는 두 번째 대화는 첫 번째 대화처럼 엘리바스(15장), 욥(16-17장), 빌닷(18장), 욥(19장), 소발(20장), 욥(21장) 순으로 진행되고, 세 번째 대화인 22-27장은 엘리바스(22장), 욥(23-24장), 빌닷(25장), 욥(26-27장)으로 이루어집니다. 그리고 28장은 지혜를 예찬하는 '지혜시'로, 누구의 말인지 확정하기 어렵습니다.

29-31장에서는 자신의 무죄를 항변하는 욥의 마지막 말이 이어집니다. 32-37장은 엘리후라는 이가 갑작스럽게 등장해 긴 말을 전합니다. 그는 세 친구와 욥, 양쪽 모두에게 문제가 있다고 말합니다. 이어지는 38장부터 41장까지는 하나님의 말씀이며, 42장 1-6절은 그에 대한 욥의 반응입니다.

고난에 대한 다양한 시각을 보여주는 책

욥기 3장 이후에 제시되는 내용에서 욥을 고통스럽게 하는 것은 두 가지입니다. 하나는 하나님께서 왜 이렇게까지 자신을 가혹하게 다루고 철저히 살피며 힘겹게 하시는가입니다. 복도 내리시고 화도 내리시는 하나님을 알지만, 그 하나님께서 왜 이렇게까지 자신에게 철저하신 건지 욥은 괴로워하며 힘겨워 합니다. 두 번째로 욥을 괴롭게 하는 것은 자신에게 이리 행하시는 하나님께서 악인의 번성에 대해서는 아무것도 하지 않으시는 것처럼 보인다는 점입니다. 그로 인해 욥은 탄식하고 신음하며 하나님을 향해 부르짖고 있습니다.

현재 욥기의 형태는 독자로 하여금 이미 욥에게 아무런 잘못이 없음을 알고 3장 이후의 내용을 읽도록 이끕니다. 그로 인해 독자는 욥에게 감정을 이입하고 공감하며 세 친구들의 말을 듣게 됩니다. 세 친구들의 말은 한결같이 '인과응보'에 기반을 둡니다. 자신이 행한 일의 결과를 자신이 거두게 된다는 이 원칙에 따라, 세 친구들은 욥에게 잘못과 문제가 있었을 것이라고 거듭해서 말합니다. 이러한 원칙은 성경 전체에서 제시되는 논리이기도 하지만, 옳게 들리는 그들의 말에는 마치 상대의 고난을 전부 이해하고 풀이할 수 있다는 듯한 오만함이 반영되어 있습니다. 그들의 오만함은 결국 욥의 죄에 대한 거짓 목록까지 만들기에 이릅니다(22:5-9). 오직 처음에 제시된 1-2장으로 인해, 독자는 세 친구들의 말이 욥에게 끔찍한 폭력임을 알 수 있습니다.

그런데 세 친구들의 말 가운데 어떤 것들은 신약성경에 긍정적인 의미로 인용되기도 했습니다(욥 5:13-고전 3:19, 욥 5:17-히 12:5). 이것은 세 친구들의 말을 무조건 틀린 말이라고 보는 시각은 타당하지 않음을 알려줍니다. 한편 28장의 '지혜시'가 왜 갑자기 등장하는지 명쾌하게 설명하기는 쉽지 않습니다. 또 꽤 길게 이야기하는 엘리후의 말 역시 어떻게 이해해야 하는지 설명하기가 어렵습니다. 근본적으로는 마지막에 나타난 하나님의 말씀이 무죄한 상태로 고통을 겪는 욥에게 어떻게 대답이 될 수 있는지도 그리 간단하지 않습니다.

이런 문제들로 인해 욥기를 읽는 일은 꽤 어렵습니다. 어느 부분을 읽다가 마음으로 공감해 확인해보면 세 친구의 말인 경우도 있고 엘리후의 말인 경우도 있습니다. 그런 점에서 욥기는 욥의 말만 옳고 세 친구의 말은 틀렸다는 식으로 읽어서는 안 되는, '고난'에 대한 다양한 시각을 보여주는 책이라 할 수 있습니다. 욥기에 등장하는 인물들의 말은 나름대로 모두 고난을 설명하는 여러 논리와 방식을 보여줍니다. 이렇게 다양한 설명이 있다는 것 자체가 이 땅에서 겪게 되는 고난을 설명하고 이해하기에는 어려움이 따른다는 것을 반영합니다.

인생의 고난을 겪는 이웃을 어떻게 대할 것인가

분명한 것은 세 친구들의 말이 그 자체로는 충분히 타당하지만 욥과 같은 이에게는 폭력적인 말이었다는 점입니다. 그래서 세 친구들의 말이 틀렸다면 그것은 그 말이 전해지는 상대방이 처한 맥락과 맞지 않았기 때문입니다. 상대방의 상황과 처지를 고려하지 않은 '옳은 말'은 그저 폭력일 따름입니다. 이 세 친구를 통해 우리는 자신의 신학에 매인 이들이 현실에서 고통을 겪는 이웃에게 얼마나 폭력적일 수 있는지 생생히 목격하게 됩니다.

욥기 마지막 단락 42장 7–17절에서는 하나님께서 욥의 말이 옳다고 선언하시며 세 친구들더러 욥에게 찾아가 수소 일곱과 숫양 일곱으로 제사를 드리라고 명하십니다. 그러나 이 내용은 "욥이 회개했다"는 42장 6절과 잘 어울리지 않습니다. 욥은 대체 무엇을 잘못했길래 회개해야 하는 걸까요? 전후 맥락을 고려하면, 이 구절의 '회개했다'를 '위로받았다'로 옮기려는 주장이 좀 더 설득력 있다고 여겨집니다.

인생의 고난은 몇 번을 겪어도 힘겹고 고통스럽습니다. 더욱이 이러한 고난이 가난하고 힘들게 살아가는 사람들이나 어린 학생들에게 일어나는 것을 볼 때, 우리는 하나님의 뜻이 대체 무엇이며 어디에 있는지 이해하기 어렵습니다. 안타깝지만 욥기는 그에 대해 쉽고 명쾌한 답을 주는 책이 아닙니다. 그러나 분명한 것은 제아무리 옳은 말이라도, 성경 말씀을 그대로 암송해서 하는 말일지라도, 상대방의 맥락과 상황에 맞지 않으면 폭력이라는 것입니다. 그러므로 우리는 겸손하게 욥기를 읽어가는 태도가 필요합니다.

{ 제1장 }

사탄이 욥을 시험하다

1 우스라는 곳에 욥이라는 사람이 살고 있었다. 그는 흠이 없
고 정직하였으며, 하나님을 경외하며 악을 멀리하는 사람이
었다. 2 그에게는 아들 일곱과 딸 셋이 있고, 3 양이 칠천 마
리, 낙타가 삼천 마리, 겨릿소가 오백 쌍, 암나귀가 오백 마리
나 있고, 종도 아주 많이 있었다. 그는 동방에서 으뜸가는 부
자였다.
4 ○ 그의 아들들은 저마다 생일이 되면, 돌아가면서 저희 집
에서 잔치를 베풀고, 세 누이들도 오라고 해서 함께 음식을 먹
곤 하였다. 5 잔치가 끝난 다음 날이면, 욥은 으레 아침에 일
찍 일어나서, 자식들을 생각하면서, 그들을 깨끗하게 하려고,
자식의 수대로 일일이 번제를 드렸다. 자식 가운데서 어느 하
나라도, 알지 못하는 사이에라도 하나님을 저주하고 죄를 지
었을 수도 있다고 생각하여, 잔치가 끝나고 난 뒤에는 늘 그렇

욥기는 아주 까다롭고 어려운 책이라고 들었습니다. 욥기를 잘 이해하기 위해 반드시 기억해야 할 점을 한두 가지만 일러주신다면요? 먼저 욥기 1-2장은 욥기 전체를 이해하기 위한 기본 설정을 제시합니다. 끝까지 이 내용을 잘 간직하며 욥기를 읽어가는 것이 중요합니다. 1-2장에는 하나님도 등장하고 심지어 사탄도 등장합니다. 그러나 욥기는 하나님이나 사탄에 대해 말하는 책이 아니라, 무죄한 자가 겪는 고난을 다루는 책임을 놓치지 않는 것이 필요합니다. 두 번째로 3장부터 길게 이어지는 본론 부분에서는 욥의 입장에 서서 세 친구들의 말이 왜 부당하며 속상한 말인지 공감하는 태도가 필요합니다. 이를 통해 욥이 어떤 심정인지, 그리고 스스로의 삶과 하나님에 대해 욥이 어떤 생각을 하고 있는지 상상하고 이해하는 것이 중요합니다.

게 하였다. 욥은 모든 일에 늘 이렇게 신중하였다.
6 ○ 하루는 하나님의 아들들이 와서 주님 앞에 섰는데, 사탄
도 그들과 함께 서 있었다. 7 주님께서 사탄에게 "어디를 갔다
가 오는 길이냐?" 하고 물으셨다. 사탄은 주님께 "땅을 이리저
리 돌아다니다가 오는 길입니다" 하고 대답하였다.
8 ○ 주님께서 사탄에게 말씀하셨다. "너는 내 종 욥을 잘 살
펴보았느냐? 이 세상에는 그 사람만큼 흠이 없고 정직한 사
람, 그렇게 하나님을 경외하며 악을 멀리하는 사람은 없다."
9 ○ 그러자 사탄이 주님께 아뢰었다. "욥이, 아무것도 바라는
것이 없이 하나님을 경외하겠습니까? 10 주님께서, 그와 그의
집과 그가 가진 모든 것을 울타리로 감싸주시고, 그가 하는 일
이면 무엇에나 복을 주셔서, 그의 소유를 온 땅에 넘치게 하지
않으셨습니까? 11 이제라도 주님께서 손을 드셔서, 그가 가진
모든 것을 치시면, 그는 주님 앞에서 주님을 저주할 것입니다."
12 ○ 주님께서 사탄에게 말씀하셨다. "그가 가진 모든 것을
다 네게 맡겨보겠다. 다만, 그의 몸에는 손을 대지 말아라!" 그
때에 사탄이 주님 앞에서 물러갔다.

욥의 행동은 '신중'(5절)이 아니라 신경과민처럼 보입니다. 하나님은 알지 못하는 사이에 지은 죄까지 벌주는 무서운 신입니까? 만일 욥이 자녀들에게 잔치가 끝난 뒤에 꼭 번제를 드리라고 요구하고 확인했다면 '신경과민'이라 볼 여지도 있습니다. 그러나 욥은 그들에게 요구한 것이 아니라, 그들을 생각하며 자신이 대신 하나님 앞에 제사를 드렸다는 점에서 달리 바라봐야 할 것 같습니다. 본문은 욥이 그만큼 세심하게 일상을 돌아보고 관찰하며 행동하는 사람이었음을 보여줍니다. 그가 자녀들을 깨끗하게 하려고 번제를 대신 드렸다는 것은 그가 자녀들을 위해 하나님께 기도하며 아뢰었음을 보여줍니다. 욥은 다른 이들에게 "나 때는 말이야" 하며 잔소리하고 훈계하는 사람이 아니라, 철저하게 자신을 살피고 다른 사람을 위해 모든 사람과 모든 생명의 주관자이신 하나님께 나아가는 사람이었습니다.

욥이 자녀와 재산을 잃다

13 ○ 하루는, 욥의 아들과 딸들이 맏아들의 집에서 음식을 먹
으며, 포도주를 마시고 있는데, 14 일꾼 하나가 욥에게 달려
와서, 다급하게 말하였다. "우리가 소를 몰아 밭을 갈고, 나귀
들은 그 근처에서 풀을 뜯고 있는데, 15 스바 사람들이 갑자기
들이닥쳐, 가축들을 빼앗아가고, 종들을 칼로 쳐서 죽였습니
다. 저 혼자만 겨우 살아남아서, 주인어른께 이렇게 소식을 전
해드립니다."
16 ○ 이 일꾼이 아직 말을 다 마치지도 않았는데, 또 다른 사
람이 달려와서 말하였다. "하늘에서 하나님의 불이 떨어져서,
양 떼와 목동들을 살라버렸습니다. 저 혼자만 겨우 살아남아
서, 주인어른께 이렇게 소식을 전해드립니다."
17 ○ 이 사람도 아직 말을 다 마치지 않았는데, 또 다른 사람
이 달려와서 말하였다. "갈대아 사람 세 무리가 갑자기 낙타
떼에게 달려들어서 모두 끌어가고, 종들을 칼로 쳐서 죽였습
니다. 저 혼자만 겨우 살아남아서, 주인어른께 이렇게 소식을

하나님이 한 인간의 삶을 두고 사탄과 내기를 벌인다는 설정(12절) 자체가 불편합니다. 하나님은 인간을 이렇게 장기판의 말처럼 생각합니까? 부모라면 자녀의 삶을 두고 악당과 내기를 벌이는 짓은 하지 않을 겁니다. 그렇다면 부모의 사랑이나 연인의 사랑, 모든 사랑의 본보기이자 근원이 되시는 하나님께서 그렇게 사람의 목숨을 두고 재밌다는 듯이 내기하는 일은 상상하기 어렵습니다. 공중을 나는 새와 들에 핀 꽃을 돌아보시는 하나님께서는(마 6:26-28) 절대로 그 지으신 사람을 '장기판의 말'로 취급하지 않으실 것입니다. 욥기 1-2장은 그야말로 '배경 설정'입니다. 사람들에게 다가온 삶의 위기와 고난을 어떻게 이해하고 해석해야 하는지를 전하고 나누기 위한 '극적인 이야기 틀'이라고 볼 수 있습니다. 그래서 여기에는 과장도 있고, 극단적인 면도 있습니다.

전해드립니다.”
18 ○ 이 사람도 아직 말을 다 마치지 않았는데, 또 다른 사람
이 달려와서 말하였다. “주인어른의 아드님과 따님들이 큰 아
드님 댁에서 한창 음식을 먹으며, 포도주를 마시는데, 19 갑자
기 광야에서 강풍이 불어와서, 그 집 네 모퉁이를 내리쳤고,
집이 무너졌습니다. 그때에 젊은 사람들이 그 속에 깔려서, 모
두 죽었습니다. 저 혼자만 겨우 살아남아서, 주인어른께 이렇
게 소식을 전해드립니다.”
20 ○ 이때에 욥은 일어나 슬퍼하며 겉옷을 찢고 머리털을 민
다음에, 머리를 땅에 대고 엎드려 경배하면서, 21 이렇게 말하
였다. “모태에서 빈손으로 태어났으니, 죽을 때에도 빈손으로
돌아갈 것입니다. 주신 분도 주님이시요, 가져가신 분도 주님
이시니, 주님의 이름을 찬양할 뿐입니다.” 22 이렇게 욥은, 이
모든 어려움을 당하고서도 죄를 짓지 않았으며, 어리석게 하
나님을 원망하지도 않았다.

욥의 반응은(20-22절) 어색하기 짝이 없습니다. 기독교인은 이처럼 심각한 재난 앞에서도 무조건 하나님을 찬양해야 하나요? 아마도 우리는 우리 삶의 갑작스러운 고난에 욥처럼 대처하기는 어려울 것입니다. 당황스럽고 화도 날 뿐만 아니라, 무척 억울하고 분통 터지기도 할 것입니다. 그것이야말로 자연스러운 반응입니다. 그렇지만 그런 괴로움과 고통 속에서 욥의 말을 되새겨보게 됩니다. 하나님을 믿고 경외하며 살아간다고 말하지만, 실상은 이 땅에서의 편안과 부귀, 풍요로움 때문은 아니었는지 돌아보게 됩니다. 지금 우리가 가진 것이 우리 능력으로 획득한 것이 아니라 하나님께서 베푸신 은혜요 선물임을 기억한다면, 그런 하나님께서 그분의 뜻 가운데 우리에게 주신 것을 거두실 수도 있음을 깨닫게 될 것입니다. 욥기는 나의 능력이나 실력이 아니라, 우리 삶을 주관하시는 하나님을 기억하고 신뢰하며 살도록 초대합니다.

{ 제2장 }

사탄이 다시 욥을 시험하다

1 하루는 하나님의 아들들이 와서 주님 앞에 서고, 사탄도 그
들과 함께 주님 앞에 섰다. 2 주님께서 사탄에게 "어디를 갔다
가 오는 길이냐?" 하고 물으셨다. 사탄은 주님께 "땅을 이리저
리 돌아다니다가 오는 길입니다" 하고 대답하였다.
3 ○ 주님께서 사탄에게 말씀하셨다. "너는 내 종 욥을 잘 살
펴보았느냐? 이 세상에 그 사람만큼 흠이 없고 정직한 사람,
그렇게 하나님을 경외하고 악을 멀리하는 사람이 없다. 네가
나를 부추겨서, 공연히 그를 해치려고 하였지만, 그는 여전히
자기의 온전함을 굳게 지키고 있지 않느냐?"
4 ○ 사탄이 주님께 아뢰었다. "가죽은 가죽으로 대신할 수 있
습니다. 사람은 자기 생명을 지키는 일이면, 자기가 가진 모든

하나님과 사탄의 관계를 종잡을 수 없습니다. 1–2절만 봐서는 원수보다 친구에 가까워 보이는데, 착각일까요? 욥기 1–2장에 나오는 사탄은 엄연히 하나님 앞에 다른 천사들과 함께 서 있는 존재입니다. 신약성경과 교회 전통에서 흔히 묘사하는 악마 같은 사탄을 떠올리면서 욥기를 읽는 것은 타당하지 않습니다. 욥기의 사탄은 하나님의 최종 승인이 없으면 욥에게 어떤 해도 끼칠 수 없는 존재입니다. 구약성경에서 사탄은 하나님 앞에 서 있는 하늘의 신적 존재 가운데 하나로, 그가 맡은 역할은 사람이나 사건을 비판적으로 살피는 것입니다. 마치 오늘날의 '검사'와 비슷한 역할이라 할 수 있습니다. 검사가 권력을 휘둘러 악을 행하는 사례가 오늘날 무수한 것처럼, 주전 3세기 이래 사탄은 아예 자신의 권력과 권한으로 하나님을 대적하며 맞서는 존재로 여겨졌고, 이것이 신약성경에 반영되어 있습니다. 그러나 욥기의 사탄은 이 같은 존재가 아닌, 사람 안에 숨겨진 면을 드러내고 고발하는 기능을 맡은 천사의 한 모습이라 할 수 있습니다.

것을 버립니다. 5 이제라도 주님께서 손을 들어서 그의 뼈와
살을 치시면, 그는 당장 주님 앞에서 주님을 저주하고 말 것입
니다!"
6 ○ 주님께서 사탄에게 말씀하셨다. "그렇다면, 그를 너에게
맡겨보겠다. 그러나 그의 생명만은 건드리지 말아라!"
7 ○ 사탄은 주님 앞에서 물러나 곧 욥을 쳐서, 발바닥에서부
터 정수리에까지 악성 종기가 나서 고생하게 하였다. 8 그래
서 욥은 잿더미에 앉아서, 옹기 조각을 가지고 자기 몸을 긁고
있었다. 9 그러자 아내가 그에게 말하였다. "이래도 당신은 여
전히 신실함을 지킬 겁니까? 차라리 하나님을 저주하고서 죽
는 것이 낫겠습니다."
10 ○ 그러나 욥은 그에게 이렇게 대답하였다. "당신까지도 어
리석은 여자들처럼 말하는구려. 우리가 누리는 복도 하나님께
로부터 받았는데, 어찌 재앙이라고 해서 못 받는다 하겠소?"
이렇게 하여, 욥은 이 모든 어려움을 당하고서도, 말로 죄를
짓지 않았다.

3절을 보면, 하나님 편에서 오히려 사탄을 도발하는 게 아닌지 의심이 듭니다. 이렇게 상황을 극한으로 몰아가는 의도를 모르겠습니다. 3절은 하나님께서 사탄을 도발하는 것처럼 보이는 면도 있지만, 사탄이 하나님을 "부추겨서 공연히 그를 해치려고 했다"라는 표현처럼 마치 하나님께서 누군가의 도발에 쉽게 넘어가는 분으로 그려지기도 합니다. 이 내용을 근거로 하나님과 사탄에 대해 어떤 일반적인 이야기나 교리를 정리해서는 안 될 것입니다. 1-2장은 3장 이후의 내용을 바라보게 하는 기본 설정이라 할 수 있습니다. 독자로 하여금 3장 이후에 나오는 욥의 말들을 공감하며 이해하도록 돕는 설정입니다. 아울러 욥이 자신의 온전함을 굳게 지키고 살아가는 이유가 이 땅에서의 건강과 부귀 때문이 아님을 또렷하게 드러내고자 하는 목적에서 비롯된 설정이기도 합니다.

친구들이 욥을 찾아오다

11 ○ 그때에 욥의 친구 세 사람, 곧 데만 사람 엘리바스와 수
아 사람 빌닷과 나아마 사람 소발은, 욥이 이 모든 재앙을 만
나서 고생한다는 소식을 듣고, 욥을 달래고 위로하려고, 저마
다 집을 떠나서 욥에게로 왔다. 12 그들이 멀리서 욥을 보았으
나, 그가 욥인 줄 알지 못하였다. 그들은 한참 뒤에야 그가 바
로 욥인 줄을 알고, 슬픔을 못 이겨 소리 내어 울면서 겉옷을
찢고, 또 공중에 티끌을 날려서 머리에 뒤집어썼다. 13 그들은
밤낮 이레 동안을 욥과 함께 땅바닥에 앉아 있으면서도, 욥이
겪는 고통이 너무도 처참하여, 입을 열어 한마디 말도 할 수
없었다.

착하고 정직한 사람이 난데없이 불행을 당한다면, 욥처럼 하나님의 시험을 당한다고 봐야 할까요? 전능하고 영원하신 하나님께서 짧은 순간 땅에서 살아가는 사람을 시험하신다면 그것은 유한한 인생을 사는 사람에게는 지나치게 가혹하고 힘겨운 일일 것입니다. 1–2장은 하나님께서 사람을 시험하신다고 표현하지 않습니다. 하나님께서는 욥을 사랑하고 칭찬하십니다. 하나님 앞에 선 영적 존재 가운데 하나인 사탄은 욥의 온전함이 이 땅에서의 건강과 부귀 때문인 것은 아닌지 알고자 합니다. 하나님께서 이를 허락하시지만, 이를 두고 하나님께서 욥을 시험하셨다 말하기는 어렵습니다. 욥기는 하나님을 경외하며 온전하고 정직하게 살아가는 이들의 삶에도 도무지 이유를 설명할 수 없는 시련과 고통이 있음을 보여줍니다. 그런 상황에서도 절대 자신의 삶을 실패한 삶이라 규정하지 말고, 자신의 잘못 때문에 이 같은 참상이 생겼다고 자책하지 말라고 증언합니다. 하나님께서 시험하신다고 말하는 것이 아니라, 고난 가득한 삶일지라도 죄의 결과가 아님을 보여주면서 고난받는 이들을 위로하는 것, 그것이 욥기의 의도 가운데 중요한 한 가지라 볼 수 있습니다.

{ 제3장 }

욥이 하나님께 불평하다

1 드디어 욥이 말문을 열고, 자기 생일을 저주하면서 2 울부짖
었다. 3 내가 태어나던 날이 차라리 사라져버렸더라면, '남자
아이를 배었다'고 좋아하던 그 밤도 망해버렸더라면, 4 그날
이 어둠에 덮여서, 높은 곳에 계신 하나님께서도 그날을 기억
하지 못하셨더라면, 아예 그날이 밝지도 않았더라면, 5 어둠과
사망의 그늘이 그날을 제 것이라 하여, 검은 구름이 그날을 덮
었더라면, 낮을 어둠으로 덮어서, 그날을 공포 속에 몰아넣었
더라면, 6 그 밤도 흑암에 사로잡혔더라면, 그 밤이 아예 날수
와 달수에도 들지 않았더라면, 7 아, 그 밤이 아무도 잉태하지

욥은 생일을 저주합니다(1절). 끔찍한 재난에도 하나님을 원망하지 않았던 욥의 태도가 달라진 이유는 무엇입니까? 욥의 입이 열리는 변화에 우선한 일은 아내의 말과 친구들의 방문입니다. 친구들은 아직 아무 말도 하지 않았으니, 아내의 말이 욥에게 준 영향을 생각해볼 수 있습니다. 사실 욥만큼 괴롭고 고통스러웠던 이는 그의 아내였을 것입니다. 아내는 욥을 향해 하나님께 뭐라도 말을 좀 해보라는 의미로 하소연했고, 마침내 3장에서 욥은 입을 열었습니다. 이제 우리는 욥이 무슨 말을 하는지, 무엇을 괴로워하는지, 하나님께 무엇을 구하는지 살펴봐야 합니다. 3장에서 욥은 자신이 현재 살아가고 있다는 것 자체를 고통스러워하며, 차라리 태어나지 말았어야 한다고 탄식합니다. 자신이 겪는 현실이 너무 괴로워 신음과 탄식으로 죽음을 갈망합니다. 아내의 말과 욥의 저주는 고통을 겪는 이들의 자연스러운 응답으로서 탄식과 신음을 생각하게 합니다. 죽고 싶을 만큼 고통스럽다는 말은 재난을 겪는 이들, 특히 잘못한 것 없이 고난을 겪는 이들에게 극히 자연스러운 모습일 것입니다. 욥의 입이 열린 계기는 아무래도 그를 향한 아내의 말, 차라리 하나님을 저주하라는 말이었을 것이라 여겨집니다. 재앙을 이렇게 말하면 그것을 넘어설 수 있는 길도 열릴 것입니다. 그래서 욥의 변화에 끼친 아내의 역할은 보이는 것보다 더 크다고 생각됩니다.

못하는 밤이었더라면, 아무도 기쁨의 소리를 낼 수 없는 밤이
었더라면, 8 주문을 외워서 바다를 저주하는 자들이, 리워야단
도 길들일 수 있는 마력을 가진 자들이, 그날을 저주하였더라
면, 9 그 밤에는 새벽 별들도 빛을 잃어서, 날이 밝기를 기다려
도 밝지를 않고, 동트는 것도 볼 수 없었더라면, 좋았을 것을!
10 어머니의 태가 열리지 않아, 내가 태어나지 않았어야 하는
건데. 그래서 이 고난을 겪지 않아야 하는 건데! 11 어찌하여 내
가 모태에서 죽지 않았던가? 어찌하여 어머니 배에서 나오는
그 순간에 숨이 끊어지지 않았던가? 12 어찌하여 나를 무릎으
로 받았으며, 어찌하여 어머니가 나를 품에 안고 젖을 물렸던
가? 13 그렇게만 하지 않았더라도, 지금쯤은 내가 편히 누워서
잠들어 쉬고 있을 텐데. 14 지금은 폐허가 된 성읍이지만, 한때
그 성읍을 세우던 세상의 왕들과 고관들과 함께 잠들어 있을
텐데. 15 금과 은으로 집을 가득 채운 그 통치자들과 함께 잠들
어 있을 텐데. 16 낙태된 핏덩이처럼, 살아 있지도 않을 텐데.

리워야단은 무엇이며, 그걸 길들일 수 있는 자들이란 누굴 가리킵니까?(8절) 리워야단은 고대 중동에서 대단한 힘을 지닌 태곳적 바다 괴물을 가리킵니다. 바알 신화에서는 바알신이 리워야단을 물리쳤다고 나오지만, 구약성경은 주 하나님께서 리워야단을 비롯한 바다 괴물을 물리치셨다고 증언합니다(시 74:13–14; 사 27:1). 또 한편 리워야단을 하나님께서 지으신 피조물 가운데 하나로 표현하기도 합니다(시 104:26). 욥기에서 리워야단은 3장 8절에 언급되고, 41장에서는 리워야단의 용맹과 기세, 강력함을 한 장 전체를 할애해 표현합니다. '바다' 역시 하나님을 대적하는 세력 중 하나로 종종 언급됩니다(가령 시 74:13; 사 51:9–10). 욥기의 이 구절은 현실에 임하는 혼돈의 배후에는 이러한 혼돈의 괴물을 조종하는 이들이 존재한다 여겼던 고대의 신화적 세계관을 배경으로 합니다. 욥기와 구약성경은 고대 사람들이 당연한 것으로 받아들였던 세계관을 사용해 하나님의 권능을 표현합니다. 그리고 이 구절에서 욥은 그러한 괴물과 그 괴물을 부리는 자들이 자신이 태어나던 날을 없애버렸어야 한다며 탄식합니다. 그만큼 삶이 괴로웠던 것입니다.

햇빛도 못 본 핏덩이처럼 되었을 텐데! 17 그곳은 악한 사람들
도 더 이상 소란을 피우지 못하고, 삶에 지친 사람들도 쉴 수
있는 곳인데. 18 그곳은 갇힌 사람들도 함께 평화를 누리고, 노
예를 부리는 감독관의 소리도 들리지 않는 곳인데. 19 그곳은
낮은 자와 높은 자의 구별이 없고, 종까지도 주인에게서 자유
를 얻는 곳인데! 20 어찌하여 하나님은, 고난당하는 자들을 태
어나게 하셔서 빛을 보게 하시고, 이렇게 쓰디쓴 인생을 살아
가는 자들에게 생명을 주시는가? 21 이런 사람들은 죽기를 기
다려도 죽음이 찾아와주지 않는다. 그들은 보물을 찾기보다는
죽기를 더 바라다가 22 무덤이라도 찾으면 기뻐서 어쩔 줄 모
르는데, 23 어찌하여 하나님은 길 잃은 사람을 붙잡아놓으시
고, 사방으로 그 길을 막으시는가? 24 밥을 앞에 놓고서도, 나
오느니 탄식이요, 신음 소리 그칠 날이 없다. 25 마침내 그렇게
도 두려워하던 일이 밀어닥치고, 그렇게도 무서워하던 일이 다
가오고야 말았다. 26 내게는 평화도 없고, 안정도 없고, 안식
마저 사라지고, 두려움만 끝없이 밀려온다!

욥의 탄식은 "죽어버렸으면 좋겠다"는 신음처럼 들립니다. 성경은 죽음이야말로 고통의 최종 탈출구라고 가르칩니까? 구약성경은 죽음 이후에 모든 사람은 스올에 내려가는 같은 운명을 맞는다고 전합니다. 이를 통해 내세나 죽음 이후를 핑계 대지 말고, 지금 살아가는 현실에서 주 하나님을 경외하고 하나님의 가르침을 따라 살라고 초대합니다. 욥기 역시 이 땅에서의 삶을 기본적인 생각의 틀로 설정합니다. '죽고 싶다' 혹은 '태어나지 말았어야 한다'는 욥의 신음은 그의 삶이 그토록 고통스러웠음을 보여줍니다. 신음과 탄식은 고통에 대한 자연스러운 반응입니다. 극심한 고통 속에서도 감사를 말하고 부정적인 말은 하지 않아야 한다는 생각은, 사람을 마치 아무 감정도 생각도 없는 기계처럼 여기는 게 아닌가 싶습니다. 누군가 우리 곁에서 '죽고 싶다'고 말할 때, 우리가 할 수 있는 행동은 그런 말을 하지 말라는 훈계가 아니라, 그의 괴로움과 고통에 공감하며 그 괴로움을 함께 나누는 것입니다.

{ 제4장 }

엘리바스의 첫 번째 발언

1 데만 사람 엘리바스가 대답하였다. 2 누가 네게 말을 걸면
너는 짜증스럽겠지. 말을 하지 않으려고 했지만 참을 수가 없
다. 3 생각해보아라. 너도 전에 많은 사람을 가르치기도 하고,
힘없는 자들의 두 팔을 굳세게 붙들어주기도 했으며, 4 쓰러지
는 이들을 격려하여 일어나게도 하고, 힘이 빠진 이들의 무릎
을 굳게 붙들어주기도 했다. 5 이제 이 일을 정작 네가 당하니
까 너는 짜증스러워하고, 이 일이 정작 네게 닥치니까 낙담하
는구나! 6 하나님을 경외하는 것이 네 믿음이고, 온전한 길을
걷는 것이 네 희망이 아니냐? 7 잘 생각해보아라. 죄 없는 사

엘리바스는 인과응보로 욥의 고통을 설명합니다(7–8절). 기독교의 가르침도 엘리바스의 입장과 같습니까? 인과응보는 "자신이 뿌린 것을 자신이 거둔다"는 의미입니다. 콩을 심었는데 팥이 나온다면, 아마도 세상은 엉망진창이 되고 말 것입니다. 열심히 노력한 사람이 좋은 결실을 거두지 못하고, 아무 수고도 하지 않았는데 좋은 집안에 태어났다는 이유로 부귀를 누리는 일이 지속된다면, 우리 사는 세상은 곧바로 무너지고 말 것입니다. 악을 일삼고 약자를 짓밟으며 강자에게 굽신거려 영화를 누리는 사람이 심판을 받지 않는다면, 세상에서 정의를 찾기 어려워질 것입니다. 인과응보는 가벼이 여길 것이 아닌, 참으로 중요한 원칙입니다. 하나님께서 세상을 창조하셨으니, 인과응보는 하나님께서 정하신 세상의 질서라고 할 수 있습니다. 엘리바스의 말 자체는 매우 타당합니다. 그의 문제라면 "뿌린 대로 거둔다"는 원칙을 바탕으로 "거둔 것이 그렇게 참담한 것을 보니, 당신은 죄악을 뿌린 것이 분명하다"고 결론을 내렸다는 점입니다. 좋은 것을 뿌려도 바로 결실이 나지 않는 경우가 무척 많고, 긴 시간이 지나야 제대로 결실을 맺는 일도 적지 않습니다. 정의롭게 살지만 모진 고생과 시련을 겪는 사례는 우리 주변과 역사에 허다합니다. 그렇다고 해서 결과를 근거로 잘못된 삶이라 단정할 수는 없습니다.

람이 망한 일이 있더냐? 정직한 사람이 멸망한 일이 있더냐?
8 내가 본 대로는, 악을 갈아 재난을 뿌리는 자는 그대로 거두
더라. 9 모두 하나님의 입김에 쓸려가고, 그의 콧김에 날려갈
것들이다. 10 사자의 울부짖음도 잠잠해지고, 사나운 사자의
울부짖음도 그치는 날이 있다. 힘센 사자도 이빨이 부러진다.
11 사자도, 늙어서 먹이를 잡지 못하면, 어미를 따르던 새끼 사
자들이 뿔뿔이 흩어진다. 12 한번은 조용한 가운데 어떤 소리
가 들려오는데, 너무도 조용하여 겨우 알아들었다. 13 그 소
리가 악몽처럼 나를 괴롭혔다. 14 두려움과 떨림이 나를 엄습
하여, 뼈들이 막 흔들렸다. 15 어떤 영이 내 앞을 지나가니, 온
몸의 털이 곤두섰다. 16 영이 멈추어 서기는 했으나 그 모습은
알아볼 수 없고, 형체가 어렴풋이 눈에 들어왔는데, 죽은 듯
조용한 가운데서 나는 이런 소리를 들었다. 17 "인간이 하나님
보다 의로울 수 있겠으며, 사람이 창조주보다 깨끗할 수 있겠
느냐? 18 하나님은 하늘에 있는 당신의 종들까지도 믿지 않으

17–18절에 따르면, 인간은 결코 창조주보다 깨끗할 수 없으므로 파멸에 이를 수밖에 없습니다. 그렇다면 굳이 깨끗하게 살려고 발버둥 칠 필요가 있을까요? 사람은 유한하고, 누구라도 죄를 짓지 않은 이가 없습니다. 죄의 결과는 당연히 마땅한 심판일 것입니다. 놀랍게도 구약과 신약, 즉 성경 전체는 이러한 죄인을 향해 죄에 합당한 벌이 아니라 용서를 선언하시는 하나님을 줄기차게 증언합니다. 이를 가리키는 가장 적절한 표현이 '은혜'입니다. 자녀를 향한 부모의 사랑을 통해, 우리는 사람을 향한 하나님의 은혜를 짐작할 수 있습니다. 자녀의 허물에도 여전히 그를 품는 부모의 사랑은 인간을 향한 하나님의 무한하신 은혜를 깨닫게 합니다. 그래서 언제라도 우리는 넘어진 곳에서 새로 시작할 수 있습니다. 결코 창조주보다 깨끗할 수 없지만, 모든 사람을 향한 하나님의 사랑과 은혜에 힘입어 아주 작은 한 걸음을 내디딜 수 있습니다. 우리를 용기 있고 담대하게 만드는 힘은 내 안에 있는 가능성이나 실력이 아니라, 우리를 향한 하나님의 은혜입니다.

시고, 천사들에게마저도 허물이 있다고 하시는데, 19 하물며,
흙으로 만든 몸을 입고 티끌로 터를 삼고, 하루살이에게라도
눌려 죽을 사람이겠느냐? 20 사람은, 아침에는 살아 있다가
도, 저녁이 오기 전에 예고도 없이 죽는 것, 별수 없이 모두들
영원히 망하고 만다. 21 생명 줄만 끊기면 사람은 그냥 죽고,
그 줄이 끊기면 지혜를 찾지 못하고 죽어간다."

{ 제5장 }

1 어서 부르짖어 보아라. 네게 응답하는 이가 있겠느냐? 하늘
에 있는 거룩한 이들 가운데서, 그 누구에게 하소연을 할 수
있겠느냐? 2 미련한 사람은 자기의 분노 때문에 죽고, 어리
석은 사람은 자기의 질투 때문에 죽는 법이다. 3 어리석은 사
람의 뿌리가 뽑히고, 어리석은 자의 집이 순식간에 망하는 것
을, 내가 직접 보았다. 4 그런 자의 자식들은 도움을 받을 데

1절에서는 "하늘에 호소해도 소용없다"고 하더니, 8절에서는 "하나님께 사정을 털어놓으라"고 합니다. 도대체 앞뒤가 맞지 않습니다. 엘리바스는 이미 욥이 무엇인가 잘못을 저질렀다고 판단했습니다. 이런 판단은 욥이 겪고 있는 고난에 근거합니다. "재앙이 흙에서 일어나는 법도 없고, 고난이 땅에서 솟아나는 법도 없다"(6절)는 표현에서처럼, 까닭 없는 고난은 없는 법이니 결론은 욥이 무엇인가 잘못했다는 겁니다. 하늘에 호소해도 소용없다는 말은, 자신은 잘못이 없는데 왜 이런 고난을 겪어야 하는 건지 호소해도 소용없다는 의미라고 볼 수 있습니다. "하나님께 사정을 털어놓으라"는 말은 어서 빨리 스스로를 돌아보고 자신의 잘못을 이실직고해라, 그러면 하나님께서 응답하실 것이라는 의미입니다. 5장 역시 엘리바스의 말 자체는 타당합니다. 문제는 욥이 처한 상황과 맞지 않는다는 것입니다. 그것은 욥도 알고, 욥기 1–2장부터 읽은 독자도 알고 있습니다.

가 없어서, 재판에서 억울한 일을 당해도, 구해주는 이가 없었
고, 5 그런 자들이 거두어들인 것은, 굶주린 사람이 먹어치운
다. 가시나무 밭에서 자란 것까지 먹어치운다. 목마른 사람이
그의 재산을 삼켜버린다. 6 재앙이 흙에서 일어나는 법도 없
고, 고난이 땅에서 솟아나는 법도 없다. 7 인간이 고난을 타고
태어나는 것은, 불티가 위로 나는 것과 같은 이치이다. 8 나 같
으면 하나님을 찾아서, 내 사정을 하나님께 털어놓겠다. 9 그
분은 우리가 측량할 수 없는 큰일을 하시며, 우리가 헤아릴
수 없는 기이한 일을 하신다. 10 땅에 비를 내리시며, 밭에 물
을 주시는 분이시다. 11 낮은 사람을 높이시고, 슬퍼하는 사람
에게 구원을 보장해주시며, 12 간교한 사람의 계획을 꺾으시
어 그 일을 이루지 못하게 하신다. 13 지혜롭다고 하는 자들
을 제 꾀에 속게 하시고, 교활한 자들의 꾀를 금방 실패로 돌
아가게 하시니, 14 대낮에도 어둠을 만날 것이고, 한낮에도 밤

엘리바스가 9–16절에서 소개하는 하나님과 선량한 욥에게 엄청난 재난을 안긴 하나님 가운데 어느 편이 하나님의 진짜 모습입니까? 9–16절은 성경 곳곳에서 비슷한 의미의 말씀을 볼 수 있습니다. 특히 13절은 신약성경 고린도전서 3장 19절에 인용되었고, 17절은 히브리서 12장 5절에 인용되었습니다. 이뿐 아니라 "낮은 사람을 높이고 슬퍼하는 이를 구원하며 가난한 이들을 구출하신다"는 말씀은 그야말로 성경 전체를 관통하는 가르침이기도 합니다. 9–16절은 하나님이 어떤 분이며 어떤 일을 하시는지 명확하고 간결하게 보여줍니다. 욥의 진정성을 의심하는 사탄의 계획을 따라 결국 욥에게 극심한 고난이 임하게 하신 분 역시 하나님이십니다. 독자들은 1–2장을 통해 실상을 알지만, 욥기의 등장인물인 욥과 세 친구는 이를 알지 못합니다. 욥기는 이러한 장치를 통해 '의인의 고난'이라는 어려운 주제를 신중하게 다룹니다. 욥기는 사람이 하나님을 다 알 수 있다고 주장하지 않습니다. 우리는 하나님의 어떤 측면을 알지만, 그분을 완전히 파악할 수는 없습니다. 하나님은 하나님이시고, 사람은 사람임을 인정하는 것이 하나님 경외의 근본입니다.

중처럼 더듬을 것이다. 15 그러나 하나님은 가난한 사람들을
그들의 칼날 같은 입과 억센 손아귀로부터 구출하신다. 16 그
러니까, 비천한 사람은 희망을 가지지만, 불의한 사람은 스스
로 입을 다물 수밖에 없다. 17 하나님께 징계를 받는 사람은,
그래도 복된 사람이다. 그러니 전능하신 분의 훈계를 거절하
지 말아라. 18 하나님은 찌르기도 하시지만 싸매어주기도 하
시며, 상하게도 하시지만 손수 낫게도 해주신다. 19 그는 여
섯 가지 환난에서도 너를 구원하여주시며, 일곱 가지 환난에
서도 재앙이 네게 미치지 않게 해주시며, 20 기근 가운데서도
너를 굶어 죽지 않게 하시며, 전쟁이 벌어져도 너를 칼에서 구
해주실 것이다. 21 너는 혀의 저주를 피할 수 있어, 파멸이 다
가와도 두려워하지 않을 것이다. 22 약탈과 굶주림쯤은 비웃
어 넘길 수 있고, 들짐승을 두려워하지도 않을 것이다. 23 너
는 들에 흩어진 돌과도 계약을 맺으며, 들짐승과도 평화롭게
지내게 될 것이다. 24 그래서 너는 집안이 두루 평안한 것을
볼 것이며, 가축우리를 두루 살필 때마다 잃은 것이 없는 것
을 볼 것이다. 25 또 자손도 많이 늘어나서, 땅에 풀같이 많아
지는 것을 보게 될 것이다. 26 때가 되면, 곡식단이 타작마당

5장의 느낌은 사뭇 공격적이고 더러 비난이나 조롱처럼 보이기도 합니다. 엘리바스는 정말 욥을 위로하러 찾아온 게 맞습니까? 엘리바스는 분명히 욥을 격려하고 위로하기 위해 왔습니다. 문제는 그가 이미 욥이 무엇인가 잘못했다고 결론 내렸다는 것, 그러나 욥은 잘못이 없다는 것입니다. 우리 역시 어려움을 겪는 누군가를 위로하다가, 도리어 "네가 혹시 잘못한 것이 있어 이런 일이 생긴 건 아닌지 돌아보라"거나 "네 태도가 이상해서 다른 사람이 그렇게 행동한 것일 수 있으니, 네가 좀 더 부드럽고 예의 바르게 대해봐"라는 식의 얼토당토않는 권면을 할 때가 있지 않습니까? 고통당하는 자를 위로하러 왔다가, 도리어 그를 훈계하고 고통의 원인이

으로 가듯이, 너도 장수를 누리다가 수명이 다 차면, 무덤으로 들어갈 것이다. 27 이것은 우리가 지금까지 살펴본 것이니 틀림없는 사실이다. 부디 잘 듣고, 너 스스로를 생각해서라도 명심하기 바란다.

마치 그 사람에게 있는 것처럼 논조가 흘러가기 쉽습니다. 언제나 억울한 일을 겪는 약자들은 "내가 문제가 있다"거나 "우리가 부족했다"고 생각하기 쉽습니다. 그러나 욥기는 고난의 출발은 사탄이지, 욥의 허물이 아님을 명확하게 증언합니다. 재앙을 겪은 이들을 찾아갔다면, 그들의 슬픔에 공감하고 그들의 눈물에 함께하는 것이 중요합니다. 그 자리에서 사건의 원인을 분석하고 충고하는 태도는 참으로 적절치 않습니다.

{ 제6장 }

욥의 대답

1 욥이 대답하였다. 2 아, 내가 겪은 고난을 모두 저울에 달아
볼 수 있고, 내가 당하는 고통을 모두 저울에 올릴 수 있다면,
3 틀림없이, 바다의 모래보다 더 무거울 것이니, 내 말이 거칠
었던 것은 이 때문이다. 4 전능하신 분께서 나를 과녁으로 삼
고 화살을 쏘시니, 내 영혼이 그 독을 빤다. 하나님이 나를 몰
아치셔서 나를 두렵게 하신다. 5 풀이 있는데 나귀가 울겠느
냐? 꼴이 있는데 소가 울겠느냐? 6 싱거운 음식을 양념도 치
지 않고 먹을 수 있겠느냐? 달걀 흰자위를 무슨 맛으로 먹겠
느냐? 7 그런 것들은 생각만 해도 구역질이 난다. 냄새조차도

기독교인들은 하나님을 의지해 어려움을 이겨내라고 입버릇처럼 말합니다. 하지만 욥처럼 고통의 출처가 하나님인 경우에는(4절) 어떻게 해야 합니까? 구약 시대의 신앙인들은 자신의 삶에 임한 재앙이 하나님께로부터 온 것이라 느낀 적이 많았습니다. 자신이 겪는 고통이 너무 크다고 신음하며 기도하기도 하고, 욥처럼 더 이상 견디기 어려우니 자신의 삶을 속히 끝내주시기를 구하기도 했습니다. 시편에는 하나님을 향해 "나를 버리셨습니까?" 탄식하며 부르짖는 기도가 빈번합니다(가령, 시 22:1; 43:2). 예레미야는 하나님을 향해 "주님께서는, 흐르다가도 마르고 마르다가도 흐르는 여름철의 시냇물처럼, 도무지 믿을 수 없는 분이 되셨습니다"(렘 15:18)라고 기도하기도 했습니다. 예레미야의 이 기도는 욥이 친구들에 대해 하는 말과 흡사합니다(욥 6:15). 하나님 앞에 나아와 우리의 괴로움과 고통을 그대로 아뢰는 것, 그리고 하나님의 행하심에 대해 때로 의문이 드는 우리 마음의 혼란을 솔직하게 토로하며 부르짖는 것, 이렇게 계속되는 큰 고통을 견뎌야 하는 어려움을 호소하며 신음하는 것, 그것이 고난 가운데 있는 이들이 할 수 있는 일일 것입니다. 자신의 잘못으로 인한 재앙이라 할지라도 구약의 신앙인들은 하나님께 기도했습니다. 예레미야애가는 그런 상황에서 드린 기도입니다.

맡기가 싫다. 8 누가 내 소망을 이루어줄까? 하나님이 내 소
원을 이루어주신다면, 9 하나님이 나를 부수시고, 손을 들어
나를 깨뜨려주시면, 10 그것이 오히려 내게 위로가 되고, 이
렇게 무자비한 고통 속에서도 그것이 오히려 내게 기쁨이 될
것이다. 나는 거룩하신 분의 말씀을 거역하지 않았다. 11 그
러나 내게 무슨 기력이 있어서 더 견뎌내겠으며, 얼마나 더
살겠다고, 더 버텨내겠는가? 12 내 기력이 돌의 기력이라도
되느냐? 내 몸이 놋쇠라도 되느냐? 13 나를 도와줄 이도 없
지 않으냐? 도움을 구하러 갈 곳도 없지 않으냐? 14 내가 전
능하신 분을 경외하든 말든, 내가 이러한 절망 속에서 허덕일
때야말로, 친구가 필요한데, 15 친구라는 것들은 물이 흐르다
가도 마르고 말랐다가도 흐르는 개울처럼 미덥지 못하고, 배
신감만 느끼게 하는구나. 16 얼음이 녹으면 흙탕물이 흐르고,

아무 잘못 없이 독화살을 맞고도(4절) 욥은 그저 고통을 호소할 따름입니다. 화살을 날린 하나님을 원망하는 게 자연스러운데, 그 지경이 되고도 비난을 삼가는 까닭은 무엇입니까? 이미 욥은 하나님께서 복도 주시지만 재앙도 주신다고 고백했습니다(2:10). 하나님께서 그분을 경외하는 자에게 복을 주시기에 하나님을 경외한다면, 그것은 젊은 날에 연금에 가입해두면 나이 들어 큰 액수의 연금을 받게 된다는 이치와 다를 바가 없을 것입니다. 장래의 복이나 죽음 이후의 영생 때문에 예수님을 믿는다면, 그것은 젊은 날에 열심히 운동을 해서 노년에 건강하게 살겠다는 태도와 다를 바가 없을 것입니다. 그리스도인이 된다는 것은, 하나님의 하나님 되심을 인정하는 것, 그분이 나와 우리, 온 세상을 주관하며 다스리시는 분임을 신뢰하는 것입니다. 모든 일에 하나님의 뜻을 구하며 그분의 뜻을 따라 살기로 결정하고, 때로 죄 짓고 넘어지더라도 우리를 향한 그분의 무한하신 사랑과 은혜를 기억하며 다시 일어나서 또 한 걸음 걸어가는 것, 그것이 그리스도인이 되는 것입니다. 하나님께서 복을 주실 때 찬양하면서, 또 재앙이 임하더라도 신음하는 기도로 하나님께 나아갑니다. 여전히 하나님께 나아간다는 점에서, 욥의 신음은 탄식으로 표현된 하나님 찬양이라고 말할 수 있습니다.

눈이 녹으면 물이 넘쳐흐르다가도, 17 날이 더워지면 쉬 마르
고, 날이 뜨거워지면 흔적조차 없어지고 마는 개울. 18 물이
줄기를 따라서 굽이쳐 흐르다가도, 메마른 땅에 이르면 곧 끊
어지고 마는 개울. 19 데마의 대상들도 물을 찾으려 했고, 스
바의 행인들도 그 개울에 희망을 걸었지만, 20 그들이 거기
에 이르러서는 실망하고 말았다. 그 개울에 물이 흐를 것이
라는 기대를 했던 것을 오히려 부끄러워하였다. 21 너희가 이
개울과 무엇이 다르냐? 너희도 내 몰골을 보고서, 두려워서
떨고 있지 않느냐? 22 내가 너희더러 이거 내놓아라 저거 내
놓아라 한 적이 있느냐? 너희의 재산을 떼어서라도, 내 목숨
살려달라고 말한 적이 있느냐? 23 아니면, 원수의 손에서 나
를 건져달라고 하길 했느냐, 폭군의 세력으로부터 나를 속량
해달라고 부탁하기라도 했느냐? 24 어디, 알아듣게 말 좀 해
보아라. 내가 귀 기울여 듣겠다. 내 잘못이 무엇인지 말해보
아라. 25 바른말은 힘이 있는 법이다. 그런데 너희는 정말 무
엇을 책망하는 것이냐? 26 너희는 남의 말꼬투리나 잡으려
는 것이 아니냐? 절망에 빠진 사람의 말이란, 바람과 같을 뿐
이 아니냐? 27 너희는, 고아라도 제비를 뽑아 노예로 넘기고,

욥은 친구들에게 배신감만 느낀다고 토로합니다(15절). 욥이 기대했던 친구들의 반응은 어떤 것이었습니까? 처음에는 욥이 올바르게 행했다고 말하던 엘리바스는 (4:3-4) 아무리 고난과 고통이 힘겨워도 포기하지 말고 하나님을 의지하며 자신의 삶을 돌아보고 하나님께 무슨 잘못한 것이 없는지 살펴보라고 욥에게 권했습니다. 그러면서 하나님께 징계받는 사람은 복된 사람이라고까지 말합니다(5:17). 그러나 버티는 것도 한계가 있기 마련입니다. 욥은 지금 자신이 겪는 괴로움과 고통이 너무 컸습니다. 엘리바스의 참 바르고 좋은 말은 욥에게 오히려 더 큰 고통이 되었습니다. 엘리바스로 인해 욥은 고집스럽게 자신의 죄를 반성하지 않는 사람이 되

이익을 챙길 일이라면 친구라도 서슴지 않고 팔아넘길 자들
이다. 28 내 얼굴 좀 보아라. 내가 얼굴을 맞대고 거짓말이야
하겠느냐? 29 너희는 잘 생각해보아라. 내가 억울한 일을 당
하지 않게 해야 한다. 다시 한번 더 돌이켜라. 내 정직이 의심
받지 않게 해야 한다. 30 내가 혀를 놀려서, 옳지 않은 말을
한 일이라도 있느냐? 내가 입을 벌려서, 분별없이 떠든 일이
라도 있느냐?

었고, 조금 견디면 될 것을 견디지 않고 불평하는 인내심 없고 성급하며 옹졸한 사람이 되어버렸습니다. 친구들이 욥을 위로한답시고 올바른 말, 하나님에 대한 말을 잔뜩 이야기했지만, 결국 욥에게는 짐만 잔뜩 지웠으니 욥의 입장에서는 무척 괴로웠을 것입니다. 상대를 이해하는 것이 먼저고, 상대의 괴로움과 고통에 공감하는 것이 위로자가 할 최선입니다. 말을 하기보다는 듣고, 함께 울며 함께 괴로워하는 것이 먼저입니다.

{ 제7장 }

1 인생이 땅 위에서 산다는 것이, 고된 종살이와 다른 것이 무
엇이냐? 그의 평생이 품꾼의 나날과 같지 않으냐? 2 저물기
를 몹시 기다리는 종과도 같고, 수고한 삯을 애타게 바라는
품꾼과도 같다. 3 내가 바로 그렇게 여러 달을 허탈 속에 보
냈다. 괴로운 밤은 꼬리를 물고 이어갔다. 4 눕기만 하면, 언
제 깰까, 언제 날이 샐까 마음 졸이며, 새벽까지 내내 뒤척거
렸구나. 5 내 몸은 온통 구더기와 먼지로 뒤덮였구나. 피부는
아물었다가도 터져버리는구나. 6 내 날이 베틀의 북보다 빠
르게 지나가니, 아무런 소망도 없이 종말을 맞는구나. 7 내 생
명이 한낱 바람임을 기억하여주십시오. 내가 다시는 좋은 세
월을 못 볼 것입니다. 8 어느 누구도 다시는 나를 볼 수 없을
것입니다. 주님께서 눈을 뜨고 나를 찾으려고 하셔도 나는 이
미 없어졌을 것입니다. 9 구름이 사라지면 자취도 없는 것처
럼, 스올로 내려가는 사람도 그와 같아서, 다시는 올라올 수
없습니다. 10 그는 자기 집으로 다시 돌아오지도 못할 것이
고, 그가 살던 곳에서도 그를 몰라볼 것입니다. 11 그러나 나

욥은 드디어 하나님을 향해 분통을 터트립니다(11절). "주신 분도 주님이시요, 가져가신 분도 주님"(1:21)이라더니, 어째서 마음이 달라진 걸까요? 하나님께서는 하나님께서 하실 일을 하십니다. 욥은 하나님께서 자신에게 재앙을 내리신 것으로 인해 분노하지 않습니다. 지금 욥이 힘겨워하는 것은 하나님께서 계속해서 그를 살피고 시험하며 그의 죄를 찾으신다고 생각했기 때문입니다. 마치 검찰이 누군가를 겨냥하면 그의 모든 것, 사돈의 팔촌까지 긴 시간에 걸쳐 수백수천 회 조사해 탈탈 털듯이, 욥은 하나님께서 그렇게 자신을 샅샅이 뒤지며 자신의 허물을 찾고 있다고 여겼습니다. 1–2장을 볼 때, 사실 욥의 이러한 생각은 상황을 제대로 이해한 것

는 입을 다물고 있을 수 없습니다. 분하고 괴로워서, 말을 하
지 않고는 견딜 수 없습니다. 12 내가 바다 괴물이라도 됩니
까? 내가 깊은 곳에 사는 괴물이라도 됩니까? 어찌하여 주
님께서는 나를 감시하십니까? 13 잠자리에라도 들면 편해지
겠지, 깊이 잠이라도 들면 고통이 덜하겠지 하고 생각합니다
만, 14 주님께서는 악몽으로 나를 놀라게 하시고, 무서운 환
상으로 저를 떨게 하십니다. 15 차라리 숨이라도 막혀버리면
좋겠습니다. 뼈만 앙상하게 살아 있기보다는, 차라리 죽는 것
이 낫겠습니다. 16 나는 이제 사는 것이 지겹습니다. 영원히
살 것도 아닌데, 제발, 나를 혼자 있게 내버려두십시오. 내 나
날이 허무할 따름입니다. 17 사람이 무엇이라고, 주님께서 그
를 대단하게 여기십니까? 어찌하여 사람에게 마음을 두십니
까? 18 어찌하여 아침마다 그를 찾아오셔서 순간순간 그를
시험하십니까? 19 언제까지 내게서 눈을 떼지 않으시렵니까?
침 꼴깍 삼키는 동안만이라도, 나를 좀 내버려두실 수 없습니
까? 20 사람을 살피시는 주님, 내가 죄를 지었다고 하여 주님
께서 무슨 해라도 입으십니까? 어찌하여 나를 주님의 과녁으
로 삼으십니까? 어찌하여 나를 주님의 짐으로 생각하십니까?

이라 할 수 있습니다. 그러나 사람이 어떻게 하나님의 조사를 견딜 수 있겠습니까? 그래서 욥은 이제 그만 자신을 내버려두시길 요청합니다(16절). 자신에 대한 조사를 그쳐달라는 의미입니다. “사람이 무엇이라고, 주님께서 그를 대단하게 여기십니까?”(17절)는 대개 사람을 향한 하나님의 관심과 사랑에 대한 감사와 찬양 맥락에서 나오는 말인데(가령 시 8:4), 욥에게는 자신을 향한 하나님의 관심이 고통과 괴로움이 되었습니다. 이런 기도와 신음 자체가 욥기에 보존되어 있다는 것은 하나님을 향한 경건이 참으로 다양한 모습임을 알려줍니다. 하나님을 향해 “저 좀 내버려두세요”라고 부르짖는 하나님의 사람을 상상하기는 쉽지 않습니다.

21 어찌하여 주님께서는 내 허물을 용서하지 않으시고, 내 죄악을 용서해주지 않으십니까? 이제 내가 숨져 흙 속에 누우면, 주님께서 아무리 저를 찾으신다 해도, 나는 이미 없는 몸이 아닙니까?

욥은 하나님을 향해 "어찌하여 내 죄악을 용서해주지 않으십니까?"(21절)라고 따집니다. 잘못이 없다던 그간의 주장을 뒤집은 셈인가요? 그렇게 보기는 어렵습니다. 20절에서 욥은 "설령 자신이 죄를 지었다 한들 주님께 무슨 해가 되는가요?"라고 말합니다. 그래서 여전히 욥은 자신이 이렇게까지 극심한 재앙을 겪어야 할 죄를 저지르지 않았음을 주장합니다. 설령 죄를 지었다 하더라도 이 정도까지 재앙을 내렸으면 이제는 용서하셔야 하는 것 아니냐며 하나님께 아뢰는 것으로 20-21절을 이해할 수 있습니다. 오늘 우리는 하나님께서 우리 삶에 임하시기를 구할 때가 많지만, 욥은 도리어 이제 자신을 용서하고 자신의 삶을 내버려두시기를 구합니다. 그는 하나님 앞에서 무조건 자신이 잘못했다고 아뢰는 사람이 아닙니다. 그는 하나님 앞에서 한 번 더 벌을 받을까 봐 두려워하며 몸을 사리는 것이 아니라, 거침없이 자신의 괴로움을 아뢰며 "나를 내버려두십시오"라고 부르짖습니다. 오히려 우리는 하나님을 잘 몰라 두려움에 가득 차서 벌벌 떠는 반면, 욥의 이러한 불평과 하소연, 탄식은 그가 참으로 하나님을 알고 경외하고 있음을 보여줍니다. 우리에게는 경건의 외양만 있지만, 욥에게는 경건의 마음, 경건의 삶이 있습니다.

{ 제8장 }

빌닷의 첫 번째 발언

1 수아 사람 빌닷이 대답하였다. 2 언제까지 네가 그런 투로
말을 계속할 테냐? 네 입에서 나오는 말 거센 바람과도 같아
서 걷잡을 수 없구나. 3 너는, 하나님이 심판을 잘못하신다고
생각하느냐? 전능하신 분께서 공의를 거짓으로 판단하신다고
생각하느냐? 4 네 자식들이 주님께 죄를 지으면, 주님께서 그
들을 벌하시는 것은 당연한 일이 아니냐? 5 그러나 네가 하나
님을 간절히 찾으며 전능하신 분께 자비를 구하면, 6 또 네가
정말 깨끗하고 정직하기만 하면, 주님께서는 너를 살리시려고
떨치고 일어나셔서, 네 경건한 가정을 회복시켜주실 것이다.
7 처음에는 보잘것없겠지만 나중에는 크게 될 것이다. 8 이제

빌닷은 욥의 말투를 지적합니다(2절). 6–7장은 고통스럽다는 욥의 하소연뿐인데, 어떤 부분이 문제라고 생각했던 걸까요? 새번역성경이 '그런 투로'라고 옮겨 말투의 문제처럼 들리지만, 실상 빌닷이 문제 삼는 것은 욥의 '거센 바람' 같은 말입니다. 이처럼 극한 고통 가운데 있는 이들의 말은 다른 이들이 듣기에는 거칠고 거셉니다. 교양과 품위가 넘치는 여유로운 이들에게 노동자들의 외침이 거칠고 사납다고 느껴지는 것과 비슷합니다. 그렇게 늘 여유로운 사람들은 "당신이 말하는 바는 알겠는데, 당신의 표현 방식이 너무 거칠어서, 당신의 말이 너무 강해서, 받아들이지 못하겠다"는 식으로 말하곤 합니다. 말투는 핑계일 뿐, 사실 노동자들의 주장과 입장을 반대하는 것이면서, 그럴 듯한 핑계를 대는 것입니다. 자신을 내버려두라고 하나님께 한탄하는 욥의 말을 들으면서, 빌닷은 욥이 지나치다고 판단했습니다. 그렇게까지 말하는 욥의 고통과 심정보다, 어떤 경우에라도 하나님 앞에서는 예의 바르고 신중하고 긍정적으로 표현하는 것이 중요하다고 생각했을 것입니다. 그래서 욥처럼 고난받는 이들은 빌닷 같은 자의 신앙이 겉보기에만 품위와 교양이 넘치는 위선적 모습임을 드러내고 폭로합니다.

옛 세대에게 물어보아라. 조상들의 경험으로 배운 진리를 잘
생각해보아라. 9 우리는 다만 갓 태어난 사람과 같아서, 아는
것이 없으며, 땅 위에 사는 우리의 나날도 그림자에 지나지 않
는다. 10 조상들이 네게 가르쳐주며 일러주지 않았느냐? 조상
들이 마음에 깨달은 바를 말하지 않았느냐? 11 늪이 아닌 곳
에서 왕골이 어떻게 자라겠으며 물이 없는 곳에서 갈대가 어
떻게 크겠느냐? 12 물이 말라버리면, 왕골은 벨 때가 아직 멀
었는데도 모두 말라 죽고 만다. 13 하나님을 잊는 모든 사람
의 앞길이 이와 같을 것이며, 믿음을 저버린 사람의 소망도 이
와 같이 사라져버릴 것이다. 14 그런 사람이 믿는 것은 끊어질
줄에 지나지 않으며, 의지하는 것은 거미줄에 지나지 않는다.
15 기대어 살고 있는 집도 오래 서 있지 못하며, 굳게 잡고 있
는 집도 버티고 서 있지 못할 것이다. 16 비록 햇빛 속에서 싱
싱한 식물과 같이 동산마다 그 가지를 뻗으며, 17 돌무더기 위

빌닷도 엘리바스처럼 인과응보를 주장하며 욥을 꾸짖습니다(4절). 두 친구의 주장 사이에는 어떤 차이가 있습니까? 엘리바스는 죄 없는 사람에게 멸망이 올 리 없다며 하나님의 징계를 가벼이 여기지 말고 자신의 죄를 돌아보라고 욥에게 권합니다. 빌닷은 욥에게 일어난 재앙이 하나님의 심판이라며 이제라도 하나님께 자비를 구하면 훨씬 더 번성하게 해주실 것이라고 말합니다. 그래서 욥의 친구들의 말은 근본적으로 큰 차이가 없습니다. 그들은 모두, 현재 욥이 처한 고통과 괴로움과 참담한 지경은 그가 이전에 저지른 잘못 때문임이 분명하다는 결론에 이르렀습니다. 처음에는 어려워도 마침내 하나님께서 그분을 찾는 이를 회복시키고 크게 하실 것이라는 그들의 믿음은 틀린 것이 없지만, 그것으로 모든 사람을 전부 설명할 수는 없습니다. 그런 논리로 어떻게 순교자들을 이해하겠습니까? 하나님께 바른 제사를 드렸다는 이유로 죽임당한 아벨을 그런 논리로 어떻게 이해할 수 있겠습니까? "내가 뿌린 대로 거둔다"는 말은 매우 타당한 문장이지만, "거둔 것을 보니 네가 무엇을 뿌렸는지 알겠다"는 말은 언제나 참이라고 할 수 없는 진술입니다.

에까지 그 뿌리가 엉키어서 돌 사이에 뿌리를 내린다고 해도,
18 뿌리가 뽑히면, 서 있던 자리마저 '나는 너를 본 일이 없다'
고 모르는 체할 것이다. 19 살아서 누리던 즐거움은 이렇게 빨
리 지나가고, 그 흙에서는 또 다른 식물이 돋아난다. 20 정말
하나님은, 온전한 사람 물리치지 않으시며, 악한 사람 손잡아
주지 않으신다. 21 그분께서 네 입을 웃음으로 채워주시면, 네
입술은 즐거운 소리를 낼 것이니, 22 너를 미워하는 사람은 부
끄러움을 당할 것이며, 악인의 장막은 자취도 없이 사라질 것
이다.

20절은 기독교인들에게서도 자주 듣는 얘기입니다. 역경을 겪는 이들은 모두 온전치 못한 악인이라는 게 기독교의 가르침입니까? 욥기에서 일관되게 발견하는 것은, 하나님께서는 온전한 사람을 물리치지 않으시지만, 현재 고난 가운데 있다 해서 온전하지 않은 사람이라 볼 수 없다는 점입니다. 욥의 친구들은 욥이 왜 이런 고난을 겪는지 자세히 알려고 하지 않습니다. 욥의 고통이 무엇이며 얼마나 괴로울지 깊이 공감하지 않습니다. 그러면서도 욥이 하는 불평을 서둘러 막고, 가능하면 긍정적이고 믿음 가득한 말을 하게 하려고 나섰습니다. 또 현재의 결과를 보니 욥에게 어떤 문제가 있음이 분명하다는 결론을 내리고 권면합니다. 온전한 자를 물리치지 않으시는 하나님, 그러나 때로는 우리 삶에 이유를 알기 어려운 고난을 주시기도 하는 하나님을 깊이 묵상하지 않은 채, 그들은 섣부르게 나서서 욥에게 그저 믿음의 말, 사랑의 말, 긍정의 말만 하라고 다그칩니다. 그 결과는 욥을 더욱 고통스럽게 만드는 것이었습니다.

{ 제9장 }

욥의 대답

1 욥이 대답하였다. 2 그것이 사실이라는 것은 나도 잘 알고
있다. 그러나 사람이 어떻게 하나님 앞에서 의롭다고 주장할
수 있겠느냐? 3 사람이 하나님과 논쟁을 한다고 해도, 그분
의 천 마디 말씀에 한마디도 대답하지 못할 것이다. 4 하나님
이 전지전능하시니, 그를 거역하고 온전할 사람이 있겠느냐?
5 아무도 모르는 사이에 산을 옮기시며, 진노하셔서 산을 뒤
집어엎기도 하신다. 6 지진을 일으키시어 땅을 그 밑뿌리에서
흔드시고, 땅을 받치고 있는 기둥들을 흔드신다. 7 해에게 명
령하시어 뜨지 못하게도 하시며, 별들을 가두시어 빛을 내지
못하게도 하신다. 8 어느 누구에게 도움을 받지도 않고 하늘
을 펼치시며, 바다 괴물의 등을 짓밟으신다. 9 북두칠성과 삼

9장에는 이해할 수 없는 단어들이 많습니다. '남방의 밀실'(9절)과 '라합을 돕는 무리'(13절)란 무슨 말입니까? 9절은 밤하늘에서 볼 수 있는 별자리들을 여럿 언급합니다. '남방의 밀실' 역시 여러 별자리들이 모여 있는 남쪽 하늘의 어떤 공간을 가리키는 것이라 생각됩니다. '라합'은 리워야단이나 '괴물'로 번역된 '타닌'(7:12), '바다 괴물'로 번역된 '얌'(7:12)과 함께, 태초에 존재했던 바다 괴물들을 가리킨다고 여겨집니다. 하나님께서는 이들을 물리치고 세상을 창조하셨습니다(시 74:13–14; 사 51:9–10). 특히 욥기에서는 '라합'을 언급하는데, 라합처럼 강력한 힘을 가진 괴물과 그가 부리는 여러 괴물들의 연합이라 할지라도 하나님의 진노 앞에서는 견딜 수 없음을 말합니다. 욥기는 이곳저곳에서 고대의 신화적인 괴물들을 언급하면서 욥이 처한 고통스러운 현실, 그리고 온 세상을 주관하시는 하나님의 주권과 권능을 여러 번 강조합니다. 하나님의 권능이 크시다는 것이 욥의 고통을 더 아프게 만들기도 하고, 욥에게 위로가 되기도 합니다.

성을 만드시고, 묘성과 남방의 밀실을 만드시며, 10 우리가 측
량할 수 없는 큰일을 하시며, 우리가 헤아릴 수 없는 기이한
일을 행하시는 분이시다. 11 하나님이 내 곁을 지나가신다 해
도 볼 수 없으며, 내 앞에서 걸으신다 해도 알 수 없다. 12 그
가 가져가신다면 누가 도로 찾을 수 있으며, 누가 감히 그에게
왜 그러시느냐고 할 수 있겠느냐? 13 하나님이 진노를 풀지
아니하시면 라합을 돕는 무리도 무릎을 꿇는데, 14 내가 어찌
감히 그분에게 한마디라도 대답할 수 있겠으며, 내가 무슨 말
로 말대꾸를 할 수 있겠느냐? 15 비록 내가 옳다 해도 감히 아
무 대답도 할 수 없다. 다만 나로서 할 수 있는 일은 나를 심판
하실 그분께 은총을 비는 것뿐이다. 16 비록 그분께서 내가 말
하는 것을 허락하신다 해도, 내가 부르짖는 소리를 귀 기울여
들으실까? 17 그분께서 머리털 한 오라기만 한 하찮은 일로도
나를 이렇게 짓눌러 부수시고, 나도 모를 이유로 나에게 많은

욥에 따르면 하나님은 크고 위대한 분이시라(4-13절) 납득할 수 없는 일을 당해도 처분만 기다려야 합니다(14-15절). 하나님은 토론을 싫어하고 맹종을 요구하는 분입니까? 처음부터 욥은 하나님이 복도 주고 화도 주시는 분임을 알았습니다(2:10). 빌닷 같은 이는 정직하고 청결하면, 그리고 하나님을 신뢰하면 그분이 반드시 도우시리라 말하면서, 욥에게 잘못을 깨닫고 인정하라고 촉구합니다. 그러나 욥은 자신의 잘못과는 무관하게 자신도 '모를 이유로'(9:17) 하나님께서 자신을 치시기도 한다는 것을 알았습니다. 아무리 항의한다 해도, 하나님의 행하심은 사람이 측량할 수 없기에 하나님과의 대화가 생각대로 이루어지지 않는다는 것도 알고 있었습니다. 그것은 마치 갓 태어난 아기와 다 자란 어른 사이의 대화와 비슷한 셈입니다. 부모가 아기에게 아무리 잘 설명한다 해도 아이가 이해하는 데는 한계가 있습니다. 그런 것처럼 욥이 자신의 고통과 괴로움, 그리고 결백을 아무리 주장한다 한들, 전능하고 놀라우신 하나님을 이해하기는 어려울 것입니다. 욥기는 사람이 전부 이해할 수 없는 하나님, 사람의 뜻대로 좌우할 수 없는 하나님을 증언합니다.

상처를 입히시는데, 18 숨 돌릴 틈도 주시지 않고 쓰라림만 안
겨주시는데, 그분께서 내 간구를 들어주실까? 19 강한 쪽이
그분이신데, 힘으로 겨룬다고 한들 어떻게 이기겠으며, 재판
에 붙인다고 한들 누가 그분을 재판정으로 불러올 수 있겠느
냐? 20 비록 내가 옳다고 하더라도, 그분께서 내 입을 시켜서
나를 정죄하실 것이며, 비록 내가 흠이 없다고 하더라도, 그
분께서 나를 틀렸다고 하실 것이다. 21 비록 내가 흠이 없다고
하더라도, 나도 나 자신을 잘 모르겠고, 다만, 산다는 것이 싫
을 뿐이다. 22 나에게는 모든 것이 한 가지로만 여겨진다. 그
러므로 나는 "그분께서는 흠이 없는 사람이나, 악한 사람이나,
다 한 가지로 심판하신다" 하고 말할 수밖에 없다. 23 갑작스
러운 재앙으로 다들 죽게 되었을 때에도, 죄 없는 자마저 재앙
을 받는 것을 보시고 비웃으실 것이다. 24 세상이 악한 권세
자의 손에 넘어가도, 주님께서 재판관의 눈을 가려서 제대로
판결하지 못하게 하신다. 그렇지 않다고 하면, 그렇게 하는 이
가 누구란 말이냐? 25 내 일생이 달리는 경주자보다 더 빨리

욥은 하나님께 감히 대꾸할 수 없다면서도 하고 싶은 말을 다 합니다(15-24절). 욥의 진심은 무엇입니까? 사람이 하나님을 이해하는 것은 불가능에 가깝습니다. 욥 스스로 자신을 볼 때는 흠이 없을지라도, 높고 전능하신 하나님께서 보시는 관점은 사람과는 완전히 다른 차원일 것입니다. 욥은 사람이 절대로 하나님과 같은 법정에 설 수 없음을 압니다. 그래서 욥기는 오늘날 우리가 하나님을 마치 가장 가까운 친구처럼 생각하는 경향에 대해 일종의 경고를 보낸다고 할 수 있습니다. 누구라도 하나님을 다 안다 할 수 없고, 자신의 설명이 모두 맞다 할 수 없습니다. 그렇다고 그저 침묵하면서 운명이나 숙명처럼 받아들이라는 의미는 전혀 아닙니다. 욥은 하나님 앞에서 자신의 괴로움을 토로합니다. 하나님께 자신의 괴로움과 아픔을 탄식과 신음으로 표현하며, 더 견디기 어려우니 자신의 삶을 이제 끝내주시기를 기도합니다.

지나가므로, 좋은 세월을 누릴 겨를이 없습니다. 26 그 지나
가는 것이 갈대배와 같이 빠르고, 먹이를 덮치려고 내려오는
독수리처럼 빠릅니다. 27 온갖 불평도 잊어버리고, 슬픈 얼굴
빛을 고쳐서 애써 명랑하게 보이려고 해도, 28 내가 겪는 이
모든 고통이 다만 두렵기만 합니다. 그러나 주님께서 나를 죄
없다고 여기지 않으실 것임을 압니다. 29 주님께서 나를 정죄
하신다면, 내가 무엇 때문에 이렇게 애써서 헛된 수고를 해야
합니까? 30 비록 내가 비누로 몸을 씻고, 잿물로 손을 깨끗이
닦아도, 31 주님께서 나를 다시 시궁창에 처넣으시니, 내 옷인
들 나를 좋아하겠습니까? 32 하나님이 나와 같은 사람이기만
하여도 내가 그분께 말을 할 수 있으련만, 함께 법정에 서서
이 논쟁을 끝낼 수 있으련만, 33 우리 둘 사이를 중재할 사람
이 없고, 하나님과 나 사이를 판결해줄 이가 없구나! 34 내게
소원이 있다면, 내가 더 두려워 떨지 않도록, 하나님이 채찍을
거두시는 것. 35 그렇게 되면 나는 두려움 없이 말하겠다. 그
러나 나 스스로는, 그럴 수가 없는 줄을 알고 있다.

25절부터는 갑자기 경어체를 쓰기 시작합니다(25-31절). 욥은 누구를 향해 이야기하고 있습니까? 9장에서 '하나님'은 내내 3인칭으로 표현됩니다. 그런데 27절과 31절에서는 2인칭으로 표현됩니다. 32절에서는 '하나님'이 다시 3인칭으로 나타납니다. 그래서 27-31절은 욥이 하나님께 하는 말이라고 볼 수 있습니다. 그리고 새번역성경은 27절이 25절과 연결된다고 보고 25-31절을 하나님을 향한 욥의 말로 여겨 경어체로 표현했을 것입니다. 25-26절을 욥의 혼잣말로 해석해야 할지, 아니면 하나님을 향한 말로 해석해야 하는지는 그다지 분명하지 않아 보입니다. 어느 경우든 25-31절은 욥이 처한 현실의 막막함, 괴로움, 절망을 생생하게 보여줍니다.

{ 제10장 }

계속되는 욥의 대답

1 산다는 것이 이렇게 괴로우니, 나는 이제 원통함을 참지 않
고 다 털어놓고, 내 영혼의 괴로움을 다 말하겠다. 2 내가 하
나님께 아뢰겠다. 나를 죄인 취급하지 마십시오. 무슨 일로 나
같은 자와 다투시는지 알려주십시오. 3 주님께서 손수 만드신
이 몸은 학대하고 멸시하시면서도, 악인이 세운 계획은 잘만
되게 하시니 그것이 주님께 무슨 유익이라도 됩니까? 4 주님
의 눈이 살과 피를 가진 사람의 눈이기도 합니까? 주님께서도
매사를 사람이 보듯이 보신단 말입니까? 5 주님의 날도 사람
이 누리는 날처럼 짧기라도 하단 말입니까? 주님의 햇수가 사
람이 누리는 햇수와 같이 덧없기라도 하단 말입니까? 6 그렇
지 않다면야, 어찌하여 주님께서는 기어이 내 허물을 찾아내
려고 하시며, 내 죄를 들추어내려고 하십니까? 7 내게 죄가 없

모든 고난에는 의미가 있다는 건 기독교인들이 만들어낸 그럴싸한 헛말이 틀림없습니다. 욥의 고난에 도대체 무슨 의미가 있습니까? 극심한 고난 중에 있는 이들에게 "모든 고난은 의미가 있다"는 말은 정말 헛소리요, 오히려 고통을 더 크게 하는 말인 것 같습니다. 욥의 친구들 역시 그런 말로 욥을 위로한답시고 나섰지만, 욥을 더 괴롭게 만들었습니다. 물론 고난에 의미가 있을 수 있지만 그것은 하나님만 아실 뿐, 사람이 알고 이해하기는 어렵다는 것이 욥기가 줄기차게 전하는 내용입니다. 하나님은 높고 사람은 낮은 티끌과 같으니 어떻게 하나님께서 하시는 일을 다 이해할 수 있을까요? 길고 긴 시간이 지나고 나면, 고난으로 가득 찬 세월이 다 지나고 나면, 그제야 우리는 고난의 의미를 말할 수 있을지 모르겠습니다. 그러나 적어도 고난의 한가운데서는 아무 말도 할 수 없습니다. 그저 슬퍼하고 괴로워하며 하나님께 이 고통을 아뢰고 신음할 뿐입니다.

다는 것과, 주님의 손에서 나를 빼낼 사람이 없다는 것은, 주
님께서도 아시지 않습니까? 8 주님께서 손수 나를 빚으시고
지으셨는데, 어찌하여 이제 와서, 나에게 등을 돌리시고, 나를
멸망시키려고 하십니까? 9 주님께서는, 진흙을 빚듯이 몸소
이 몸을 지으셨음을 기억해주십시오. 어찌하여 주님께서는 나
를 티끌로 되돌아가게 하십니까? 10 주님께서 내 아버지에게
힘을 주셔서, 나를 낳게 하시고, 어머니가 나를 품에 안고 젖
을 물리게 하셨습니다. 11 주님께서 살과 가죽으로 나를 입히
시며, 뼈와 근육을 엮어서, 내 몸을 만드셨습니다. 12 주님께
서 나에게 생명과 사랑을 주시고, 나를 돌보셔서, 내 숨결까지
지켜주셨습니다. 13 그러나 지금 생각해보니, 주님께서는 늘
나를 해치실 생각을 몰래 품고 계셨습니다. 14 주님께서는, 내
가 죄를 짓나 안 짓나 지켜보고 계셨으며, 내가 죄를 짓기라도
하면 용서하지 않으실 작정을 하고 계셨습니다. 15 내가 죄를
짓기만 하면 주님께서는 가차 없이 내게 고통을 주시지만, 내

하나님의 불공평함을 지적하는 욥의 말에(14–15절) 백 번 공감하고 동의합니다. 하나님의 답은 무엇입니까? 성경은 무어라 말합니까? 하나님의 행하심에 대한 욥의 말은 무척이나 통렬하고 거셉니다. 고통을 당할 때 우리는 혹시라도 부정적인 말을 하면 더 부정 탈까 봐, 한마디라도 부정적인 말을 하면 그렇게 될까 봐 벌벌 떨지만, 욥은 그런 것을 전혀 개의치 않는 것 같습니다. 욥기가 알려주는 정말 중요한 점은, 긍정적인 말하기가 신앙의 핵심이 아니라는 것입니다. 도리어 하나님 앞에 솔직하게 나아가기, 힘들고 괴로울 때 신음하며 탄식하기, 때로는 하나님의 행하심을 도무지 알 길이 없다고 소리 지르며 불평하기를 욥기는 우리에게 가르칩니다. 욥의 질문에 대해 욥기는 끝까지 쉬운 답을 주지 않습니다. 정답을 알고자 책 가장 뒤쪽을 봐도 거기에는 정답이 없습니다. 욥기는 의인의 고난, 인생의 알 수 없는 고난에 대해 정답을 알려주는 책이 아니라, 그 고난의 길을 신음하고 불평하며 걸어가는 하나님의 사람을 보여주는 책입니다. 그리고 하나님께서는 그 사람 곁에 계십니다.

가 올바른 일을 한다고 해서 주님께서 나를 믿어주시지는 않
으셨습니다. 그러니 나는 수치를 가득 덮어쓰고서, 고통을 몸
으로 겪고 있습니다. 16 내 일이 잘되기라도 하면, 주님께서는
사나운 사자처럼 나를 덮치시고, 기적을 일으키면서까지 내
게 상처를 주려고 하셨습니다. 17 주님께서는 번갈아서, 내게
불리한 증인들을 세우시며, 내게 노여움을 키우시고, 나를 공
격할 계획을 세우셨습니다. 18 주님께서 나를 이렇게 할 것이
라면 왜 나를 모태에서 살아나오게 하셨습니까? 차라리 모태
에서 죽어서 사람들의 눈에 띄지나 않았더라면, 좋지 않았겠
습니까? 19 생기지도 않은 사람처럼, 모태에서 곧바로 무덤으
로 내려갔더라면, 좋았을 것입니다. 20 내가 살날도 이제 얼
마 남지 않았습니다. 나를 좀 혼자 있게 내버려두십시오. 내게
남은 이 기간만이라도, 내가 잠시라도 쉴 수 있게 해주십시오.
21 어둡고 캄캄한 땅으로 내려가면, 다시는 돌아오지 못합니
다. 그리로 가기 전에 잠시 쉬게 해주십시오. 22 그 땅은 흑암
처럼 캄캄하고, 죽음의 그늘이 드리워져서 아무런 질서도 없
고, 빛이 있다 해도 흑암과 같을 뿐입니다.

극도의 절망감을 느끼면서도(20-21절) 욥은 어째서 하나님을 대상으로 원망과 하소연을 늘어놓는 걸까요? 차라리 불공평한 하나님을 버리는 게 속 편하지 않을까요? 하나님께 불평하며 항의하는 욥의 모습은 그 자체로 하나님을 인정하는 신앙인의 태도를 보여줍니다. 늘 찬송하고 늘 감사하는 것만이 신앙인의 모습이 아니라, 삶의 고난에 직면해 괴로워하며 하나님을 향해 부르짖고 탄식하는 것 역시 신앙인의 모습입니다. 십자가에 달리신 예수님께서는 환한 얼굴로 감사하면서 돌아가신 게 아니라 "나의 하나님, 나의 하나님, 어찌하여 나를 버리셨습니까?"(막 15:34)라는 지극히 고통스러운 외침과 함께 운명하셨습니다. 주님의 외침은 알 수 없는 고난으로 가득했던 욥의 고통을 대변하신 것입니다. 나아가 이 땅에서 괴로움과 가난, 고난과 고통, 슬픔을 겪는 무수한 이들의 외침을 대변하신 것입니다.

{ 제11장 }

소발의 첫 번째 발언

1 나아마 사람 소발이 욥에게 대답하였다. 2 네가 하는 헛소리
를 듣고서, 어느 누가 잠잠할 수 있겠느냐? 말이면 다 말인 줄
아느냐? 3 네가 혼자서 큰 소리로 떠든다고 해서, 우리가 대답
도 하지 못할 것이라고 생각하느냐? 네가 우리를 비웃는데도,
너를 책망할 사람이 없을 줄 아느냐? 4 너는 네 생각이 옳다고
주장하고 주님 보시기에 네가 흠이 없다고 우기지만, 5 이제
하나님이 입을 여셔서 네게 말씀하시고, 6 지혜의 비밀을 네
게 드러내어주시기를 바란다. 지혜란 우리가 이해하기에는 너
무나도 어려운 것이다. 너는, 하나님이 네게 내리시는 벌이 네
죄보다 가볍다는 것을 알아야 한다. 7 네가 하나님의 깊은 뜻
을 다 알아낼 수 있느냐? 전능하신 분의 무한하심을 다 측량
할 수 있느냐? 8 하늘보다 높으니 네가 어찌 미칠 수 있으며,

4-6절은 황당하기 그지없습니다. 결국 욥의 고난은 죄 때문인데 무슨 잘못을 했는지는 본인도 모르고 오직 지혜로운 하나님만 안다는 뜻인가요? 소발은 욥이 무엇인가 잘못을 행한 것이 틀림없다고 확신했습니다. 욥이 살 길은 잘못을 뉘우치고 돌이키는 것인데 그가 끝까지 죄 없다 고집하니, 이제 곧 하나님께서 욥의 허물과 죄악을 다 드러내시리라 생각합니다. 하나님께서 내리시는 벌이 욥이 행한 죄보다 가볍다는 소발의 말은 그 말 자체는 맞을 수 있지만, 욥의 사정을 전혀 알지 못하고 하는 말입니다. 소발 같은 기독교인은 하는 말 자체는 옳아도, 상대의 상황과 고통을 전혀 알지 못하고 있습니다. 옳은 말을 해서 신앙인이라면, 예수님을 괴롭혔던 바리새인과 서기관도 올바른 신앙인일 것입니다. 하지만 부끄럽게도, 말은 옳으나 행실과 마음은 올바름과 거리가 먼 신앙인들, 소발처럼 옳은 말로 억울하고 가난한 이들을 괴롭히는 신앙인들은 오늘날에도 여전히 무척 많습니다.

스올보다 깊으니 네가 어찌 알 수 있겠느냐? 9 그 길이는 땅
끝까지의 길이보다 길고, 그 넓이는 바다보다 넓다. 10 하나
님이 두루 지나다니시며, 죄인마다 쇠고랑을 채우고 재판을
여시면, 누가 감히 막을 수 있겠느냐? 11 하나님은, 어떤 사람
이 잘못하는지를 분명히 아시고, 악을 보시면 곧바로 분간하
신다. 12 미련한 사람이 똑똑해지기를 바라느니 차라리 들나
귀가 사람 낳기를 기다려라. 13 네가 마음을 바르게 먹고, 네
팔을 그분 쪽으로 들고 기도하며, 14 악에서 손을 떼고, 네 집
안에 불의가 깃들지 못하게 하면, 15 너도 아무 부끄러움 없
이 얼굴을 들 수 있다. 네 마음이 편안해져서, 두려움이 없어
질 것이다. 16 괴로운 일을 다 잊게 되고, 그것을 마치 지나간
일처럼 회상하게 될 것이다. 17 네 생활이 한낮보다 더 환해지
고, 그 어둠은 아침같이 밝아질 것이다. 18 이제 네게 희망이
생기고, 너는 확신마저 가지게 될 것이다. 사방을 둘러보아도
걱정할 것이 없어서, 안심하고 자리에 누울 수 있게 될 것이
다. 19 네가 누워서 쉬어도 너를 깨워서 놀라게 할 사람이 없

소발이 말하는 욥의 악은(14절) 무얼 가리킵니까? 1장 1절에서는 욥을 일컬어 '흠 없고 정직한' 사람이라고 하지 않았습니까? 1-2장은 독자와 욥, 하나님만이 아는 사실입니다. 욥의 세 친구들이 아는 것은 오직 지금 욥이 겪고 있는 극심한 재난입니다. 그들은 인과응보, "뿌린 대로 거둔다"는 시각을 단호하게 견지합니다. 이것 자체는 문제가 아니지만, 진짜 문제는 "거둔 것을 보니 죄악을 뿌렸네"라고 결론을 내렸다는 점입니다. 욥의 참상을 보니 욥이 무엇인가 잘못을 저지른 것이 분명하다고 결론 내린 것입니다. 그래서 세 친구들은 모두 욥을 향해 "이제라도 너의 잘못을 뉘우치고 하나님의 도우심을 구하라. 하나님께서 반드시 너를 회복시키시고 풍성하게 하실 것"이라고 권합니다. 이 상황이 자신의 잘못과 무관하게 하나님께서 행하시는 일임을 아는 욥으로서는 이 친구들의 말로 인해 분통 터질 지경이고 더욱 고통스러웠을 것입니다.

고, 많은 사람이 네게 잘 보이려고 할 것이다. 20 그러나 악한
사람은 눈이 멀어서, 도망칠 길마저 찾지 못할 것이다. 그의
희망이라고는 다만 마지막 숨을 잘 거두는 일뿐일 것이다.

{ 제12장 }

욥의 대답

1 욥이 대답하였다. 2 지혜로운 사람이라곤 너희밖에 없는 것
같구나. 너희가 죽으면, 지혜도 너희와 함께 사라질 것 같구
나. 3 그러나 나도 너희만큼은 알고 있다. 내가 너희보다 못
할 것이 없다. 너희가 한 말을 모를 사람이 어디에 있겠느냐?
4 한때는 내 기도에 하나님이 응답하신 적도 있지만, 지금 나
는 친구들의 웃음거리가 되고 말았다. 의롭고 흠 없는 내가 조
롱을 받고 있다. 5 고통을 당해보지 않은 너희가 불행한 내 처

욥은 악인들이 도리어 편히 사는 현실을 지적합니다(6절). 인과응보라 주장하는 친구들에 대한 반박이기도 하지만, 하나님의 공평하지 못한 처사를 비난하는 것처럼 들리기도 합니다. 욥의 친구들은 욥의 재난을 그의 죄 때문이라 결론 내린 채, 하나님께서 반드시 악을 심판하시되 악을 떠난 이를 환하게 빛나게 하실 것이라 말합니다. 그러나 욥이 보기에 이 세상에는 강도짓을 하고도 편안하게 지내면서 하나님마저 자신의 수중에 넣었다 생각하는 이들이 있습니다. 욥은 뿌린 대로 거둔다는 원칙이 틀렸다고 하진 않지만, 하나님께서는 그 원칙을 넘어 그분의 뜻대로 행하시는 분임을 거듭 말합니다. 하나님의 행하심을 비난하는 것처럼 보이기도 하지만, 사실 욥은 하나님이 사람의 판단이나 생각에 매이지 않고 오직 그분의 뜻을 따라 행하시는 분임을 표현하고 있을 따름입니다. 사람이 아무리 대단하다 해도 하나님의 손 안에 있는 존재이니, 하나님의 행하심의 이유를 다 알 수 없다는 것입니다.

지를 비웃고 있다. 너희는 넘어지려는 사람을 떠민다. 6 강도
들은 제 집에서 안일하게 지내고, 하나님을 멸시하는 자들도
평안히 산다. 그러므로 그들은, 하나님까지 자기 손에 넣었다
고 생각한다. 7 그러나 이제 짐승들에게 물어보아라. 그것들
이 가르쳐줄 것이다. 공중의 새들에게 물어보아라. 그것들이
일러줄 것이다. 8 땅에게 물어보아라. 땅이 가르쳐줄 것이다.
바다의 고기들도 일러줄 것이다. 9 주님께서 손수 이렇게 하
신 것을, 이것들 가운데서 그 무엇이 모르겠느냐? 10 모든 생
물의 생명이 하나님의 손 안에 있고, 사람의 목숨 또한 모두
그분의 능력 안에 있지 않느냐? 11 귀가 말을 알아듣지 못하
겠느냐? 혀가 음식 맛을 알지 못하겠느냐? 12 노인에게 지혜
가 있느냐? 오래 산 사람이 이해력이 깊으냐? 13 그러나 지혜
와 권능은 본래 하나님의 것이며, 슬기와 이해력도 그분의 것
이다. 14 하나님이 헐어버리시면 세울 자가 없고, 그분이 사
람을 가두시면 풀어줄 자가 없다. 15 하나님이 물길을 막으시
면 땅이 곧 마르고, 물길을 터놓으시면 땅을 송두리째 삼킬 것
이다. 16 능력과 지혜가 그분의 것이니, 속는 자와 속이는 자

14-15절은 하나님의 뜻만이 우주를 움직이는 유일한 기준이란 의미입니까? 그럼 인간은 전권을 휘두르는 신의 손에 이리저리 끌려다닐 수밖에 없는 무기력한 존재입니까? 아무리 대단한 사람이라도 하나님의 결정을 거스를 수는 없습니다. 기독교에서는 이를 '하나님의 행하심'이라 표현하고, 우리네 조상들은 '천명', '하늘의 뜻' 같은 말로 표현하기도 했습니다. 다만 하나님은 변덕스럽고 무관심한 존재가 아님을, 구약성경과 신약성경을 통해 거듭 알리고 드러내십니다. 하나님의 행하심 가운데 있는 깊은 뜻은 지으신 세상과 인간을 향한 사랑이되, 한순간을 살아가는 사람이 그분의 뜻을 다 이해할 수 없을 뿐입니다. 그래서 인간은 무기력한 존재라기보다는 한계 있는 존재라고 표현하는 것이 나을 것 같습니다.

도 다 그분의 통치 아래에 있다. 17 하나님은 고관들을 벗은
몸으로 끌려가게 하시는가 하면, 재판관들을 바보로 만드시기
도 하신다. 18 하나님은 왕들이 결박한 줄을 풀어주시고, 오히
려 그들의 허리를 포승으로 묶으신다. 19 하나님은 제사장들
을 맨발로 끌려가게 하시며, 권세 있는 자들을 거꾸러뜨리신
다. 20 하나님은 자신만만하게 말을 하던 사람을 말문이 막히
게 하시며, 나이 든 사람들의 분별력도 거두어가시고, 21 귀족
들의 얼굴에 수치를 쏟아부으시며, 힘 있는 사람들의 허리띠
를 풀어버리신다. 22 하나님은 어둠 가운데서도 은밀한 것들
을 드러내시며, 죽음의 그늘조차도 대낮처럼 밝히신다. 23 하
나님은 민족들을 강하게도 하시고, 망하게도 하시고, 뻗어나
게도 하시고, 흩어버리기도 하신다. 24 하나님은 이 땅 백성의
지도자들을 얼이 빠지게 하셔서, 길 없는 거친 들에서 방황하
게 하신다. 25 하나님은 그들을 한 가닥 빛도 없는 어둠 속에
서 더듬게도 하시며, 술 취한 사람처럼 비틀거리게도 하신다.

욥의 주장은(13-25절) 소발의 말과(11:7-10) 별 차이가 없습니다. 소발의 말을 되받아쳐야 하는 욥이 똑같은 소릴 하는 까닭은 무엇입니까? 욥기의 중요한 특징 가운데 하나는 욥의 말과 세 친구들의 말, 나중에 등장하는 엘리후의 말, 그리고 마지막 부분에 놓인 하나님의 말씀까지 비슷한 내용이 반복된다는 것입니다. 서로 논쟁하는 당사자들이 하는 말의 내용이 같은 경우도 빈번하게 찾아볼 수 있습니다. 그런데 여기서 중요한 것은 하나님에 대한 같은 고백과 지식이라도, 말하는 사람에 따라 전혀 다른 의도로 사용된다는 것입니다. 소발은 하나님께서 모든 것을 다 아시며 그 뜻대로 행하시는 분이니, 욥에게 일어난 일 역시 하나님의 뜻임을 깨닫고 자신의 잘못을 뉘우치고 하나님께 기도하라 촉구합니다. 그러나 욥은 하나님이 모든 것을 그 뜻대로 주관하시는 분이며, 욥에게 일어난 일 역시 욥의 잘못과 아무 상관없이 이루어졌다고 말합니다. 욥은 끝까지 자신에게 문제가 있다고 인정하지 않습니다. 이 부분에서 욥과 세 친구들은 합의점에 도달할 수가 없었습니다.

{ 제13장 }

계속되는 욥의 대답

1 내가 이 모든 것을 내 눈으로 똑똑히 보고, 내 귀로 다 들어
서 안다. 2 너희가 아는 것만큼은 나도 알고 있으니, 내가 너
희보다 못할 것이 없다. 3 그러나 나는 전능하신 분께 말씀
드리고 싶고, 하나님께 내 마음을 다 털어놓고 싶다. 4 너희
는 무식을 거짓말로 때우는 사람들이다. 너희는 모두가 돌팔
이 의사나 다름없다. 5 입이라도 좀 다물고 있으면, 너희의
무식이 탄로 나지는 않을 것이다. 6 너희는 내 항변도 좀 들
어보아라. 내가 내 사정을 호소하는 동안 귀를 좀 기울여주어
라. 7 너희는 왜 허튼소리를 하느냐? 너희는 하나님을 위한
다는 것을 빌미 삼아 알맹이도 없는 말을 하느냐? 8 법정에
서 하나님을 변호할 셈이냐? 하나님을 변호하려고 논쟁을 할
셈이냐? 9 하나님이 너희를 자세히 조사하셔도 좋겠느냐? 너
희가 사람을 속이듯, 그렇게 그분을 속일 수 있을 것 같으냐?

욥은 어떤 점에서 친구들의 주장이 거짓말이라고(4, 10절) 생각했을까요? 친구들은 욥이 무엇인가 잘못했다고 계속 주장합니다. 그들은 욥이 죄를 저지르는 모습을 본 적도 들은 적도 없으면서, 오로지 욥이 현재 겪는 재난에 근거해 욥이 죄를 지었을 것이라고 말합니다. 하나님은 의로우시니 누군가에게 일어난 재앙은 그에 대한 하나님의 심판이라고 단정하며 욥에게 죄로부터 돌이키라고 촉구합니다. 그러나 욥에게는 그들이 하는 말은 전부 자신들의 신앙의 확신에 근거한 거짓말일 따름이었습니다. 그로서는 정말 억울할 일입니다. 그렇지 않아도 하나님께로부터 말미암은 재앙으로 죽을 지경인데, 친구들까지 위로한답시고 말을 시작하더니 결국 욥에게 회개와 돌이킬 것을 촉구하며 공격합니다. 이때 욥은 그야말로 고통 위에 고통이었을 것입니다.

10 거짓말로 나를 고발하면, 그분께서 너희의 속마음을 여지
없이 폭로하실 것이다. 11 그분의 존엄하심이 너희에게 두려
움이 될 것이며, 그분에 대한 두려움이 너희를 사로잡을 것이
다. 12 너희의 격언은 한낱 쓸모없는 잡담일 뿐이고, 너희의
논쟁은 흙벽에 써놓은 답변에 불과하다. 13 이제는 좀 입을
다물고, 내가 말할 기회를 좀 주어라. 결과가 어찌되든지, 그
것은 내가 책임지겠다. 14 나라고 해서 어찌 이를 악물고서라
도 내 생명을 스스로 지키려 하지 않겠느냐? 15 하나님이 나
를 죽이려고 하셔도, 나로서는 잃을 것이 없다. 그러나 내 사
정만은 그분께 아뢰겠다. 16 적어도 이렇게 하는 것이, 내게
는 구원을 얻는 길이 될 것이다. 사악한 자는 그분 앞에 감히
나서지도 못할 것이다. 17 너희는 이제 내가 하는 말에 귀를
기울여라. 내가 하는 말을 귀담아들어라. 18 나를 좀 보아라,
나는 이제 말할 준비가 되어 있다. 내게는, 내가 죄가 없다는
확신이 있다. 19 하나님, 나를 고발하시겠습니까? 그러면 나
는 조용히 입을 다물고 죽을 각오를 하고 있겠습니다.

욥의 항변은 앞뒤가 맞지 않습니다. 18절에서는 '죄가 없다는 확신'이 있다고 단언하더니 26절에서는 '어릴 때에 한 일'까지 들춰낸다고 불평합니다. 욥이 줄기차게 하나님께 토로하는 것은 "하나님께서 자신을 샅샅이 검사하신다"는 것입니다. 그래서 소발과 친구들을 향해서도 "하나님이 너희를 자세히 조사하셔도 좋겠느냐?"(9절)고 묻습니다. 이렇게까지 긴 시간 동안 탈탈 털어 조사한다면 누가 그것을 견딜 수 있을까요? 어릴 때 한 일까지 들춘다는 욥의 표현은 어린 시절에 잘못을 저질렀다는 의미라기보다는, 하나님의 조사가 그토록 세부적이고 철저하다는 의미일 것입니다. 온 세상을 주관하시는 하나님의 철저한 조사는 누구라도 버티기 어려울 것입니다. 욥은 자신의 삶에 하나님의 행하심이 너무 가혹하다고, 하나님의 조사가 너무 심하다고 탄식하며 부르짖습니다.

욥의 기도

20 내가 하나님께 바라는 것은 두 가지밖에 없습니다. 그것을
들어주시면, 내가 주님을 피하지 않겠습니다. 21 나를 치시는
그 손을 거두어주시고, 제발 내가 이렇게 두려워 떨지 않게 해
주십시오. 22 하나님, 하나님께서 먼저 말씀하시면, 내가 대
답하겠습니다. 그렇지 않으시면 내가 먼저 말씀드리게 해주시
고, 주님께서 내게 대답해주십시오. 23 내가 지은 죄가 무엇
입니까? 내가 무슨 잘못을 저질렀습니까? 내가 어떤 범죄에
연루되어 있습니까? 24 어찌하여 주님께서 나를 피하십니까?
어찌하여 주님께서 나를 원수로 여기십니까? 25 주님께서는
줄곧 나를 위협하시렵니까? 나는 바람에 날리는 나뭇잎 같을
뿐입니다. 주님께서는 지금 마른 지푸라기 같은 나를 공격하
고 계십니다. 26 주님께서는 지금, 내가 어릴 때에 한 일까지
도 다 들추어내시면서, 나를 고발하십니다. 27 내 발에 차꼬를
채우시고, 내가 가는 모든 길을 낱낱이 지켜보시며, 발바닥 닿
는 자국까지 다 조사하고 계십니다. 28 그래서 저는 썩은 물
건과도 같고, 좀먹은 의복과도 같습니다.

이유 없이 가혹한 고난을 내렸다고 믿으면서도 하나님을 향해 줄기차게 대화를 요청하는 욥의 진심은 무엇입니까? 욥이 하나님께 토로하는 것은 "왜 이렇게 이유 없이 고난을 주십니까?"가 아닙니다. 이미 2장에서 보았듯이, 욥은 하나님이 복과 화를 모두 주시는 분임을 알았습니다. 욥은 지금 자신의 삶에 대한 하나님의 철저한 조사와 살피심을 자신이 도무지 더 이상 견딜 수 없다고 고통과 괴로움을 토로하면서, 이제는 하나님의 조사가 끝나기를, 하나님께서 자신을 내버려두시기를 간곡히 청하고 있습니다. 하나님께서 이토록 철저하게 조사하시면 누구도 살 수가 없으니, 이제는 그쳐주시기를 구하고 있습니다.

{ 제14장 }

1 여인에게서 태어난 사람은 그 사는 날이 짧은 데다가, 그 생
애마저 괴로움으로만 가득 차 있습니다. 2 피었다가 곧 시드
는 꽃과 같이, 그림자같이, 사라져서 멈추어 서지를 못합니다.
3 주님께서는 이렇게 미미한 것을 눈여겨 살피시겠다는 겁니
까? 더욱이 저와 같은 것을 심판대로 데리고 가셔서, 심판하시
겠다는 겁니까? 4 그 누가 불결한 것에서, 정결한 것이 나오게
할 수 있겠습니까? 아무도 그렇게 할 수 없습니다. 5 인생이
살아갈 날수는 미리 정해져 있고, 그 달수도 주님께서는 다 헤
아리고 계십니다. 주님께서는 사람이 더 이상 넘어갈 수 없는
한계를 정하셨습니다. 6 그러므로 사람에게서 눈을 돌리셔서
그가 숨을 좀 돌리게 하시고, 자기가 살 남은 시간을 품꾼만큼
이라도 한번 마음껏 살게 해주십시오. 7 한 그루 나무에도 희
망이 있습니다. 찍혀도 다시 움이 돋아나고, 그 가지가 끊임없
이 자라나고, 8 비록 그 뿌리가 땅속에서 늙어서 그 그루터기
가 흙에 묻혀 죽어도, 9 물기운만 들어가면 다시 싹이 나며, 새

욥은 인생을 시드는 꽃, 그림자, 불결한 것으로 묘사합니다(1-4절). 인간을 천하고 무가치한 존재로 보는 게 성경의 시각입니까? 꽃이나 그림자에 사람을 비유하는 것은 성경 이외의 여러 문헌이나 문학작품에서도 볼 수 있습니다. 인생이 얼마나 쏜살같이 지나가며 덧없는가를 그와 같은 비유로 표현합니다. 욥이 여기에서 이렇게 비유하는 까닭은 하나님께서 상대하며 살피고 검사하시기에 사람의 인생은 너무나도 짧고 덧없다는 것을 말하기 위해서입니다. "불결한 것에서 정결한 것이 나오게 할 수 없다"(4절)는 표현은 근본적으로 인생에서 하나님 보시기에 선한 것을 찾아낼 수 없음을 말합니다. 모든 사람은 죄인이라는 교리를 확인하는 것이 아니라, 지금 욥은 자신의 삶에 임한 하나님의 손길로 인해 버거워하면서 자신이 무엇이길래 하나님께서 이렇게까지 자신을 살피고 검사하시는지 토로하는 것입니다.

로 심은 듯이 가지를 뻗습니다. 10 그러나 아무리 힘센 사람이
라도 한번 죽으면 사라지게 되어 있고, 숨을 거두면 그가 어디
에 있는지도 모르게 됩니다. 11 물이 말라버린 강처럼, 바닥이
드러난 호수처럼, 12 사람도 죽습니다. 죽었다 하면 다시 일어
나지 못합니다. 하늘이 없어지면 없어질까, 죽은 사람이 눈을
뜨지는 못합니다. 13 차라리 나를 스올에 감추어두실 수는 없
으십니까? 주님의 진노가 가실 때까지만이라도 나를 숨겨주시
고, 기한을 정해두셨다가 뒷날에 다시 기억해주실 수는 없습
니까? 14 아무리 대장부라 하더라도 죽으면 그만입니다. 그러
므로 나는 더 좋은 때를 기다리겠습니다. 이 고난의 때가 지나
가기까지 기다리겠습니다. 15 그때에 주님께서 나를 불러주시
면, 내가 대답하겠습니다. 주님께서도 손수 지으신 나를 보시
고 기뻐하실 것입니다. 16 그러므로 지금은 주님께서 내 모든
걸음걸음을 세고 계시지만, 그때에는 내 죄를 살피지 않으실
것입니다. 17 주님께서는 내 허물을 자루에 넣어 봉하시고, 내
잘못을 덮어주실 것입니다. 18 산이 무너져 내리고, 큰 바위조
차 제자리에서 밀려나듯이, 19 물이 바위를 굴려내고 폭우가

욥은 사람이 죽으면 사라지며(10절) 그걸로 그만이라고(14절) 말합니다. 기독교인들이 믿는 죽음 이후의 세상을 부정하는 말인가요? 욥기를 비롯한 구약성경은 죽음 이후의 삶이나 시간에 대해 거의 다루지 않습니다. 죽음 이후의 부활에 대한 소망과 신앙은 주전 3세기 이후에야 알려지고 형성되었습니다. 구약성경은 거의 대부분 이 땅에서의 삶을 기본으로 하나님과 사람, 세상에 대해 이야기합니다. 지금 본문에서 욥은 사람이란 죽으면 다시 일어날 수 없는 존재라고 표현하는데, 이는 내세와 부활을 부정하며 논쟁하는 데 목적이 있는 것이 아니라, 사람이라는 존재가 얼마나 덧없는가를 말하는 것입니다. 나무는 마르고 찍혀도 다시 살아날 희망이 있지만, 인간은 죽으면 더 이상 희망이 없습니다. 그래서 욥은 지금 살아 있는 동안 하나님께서 자신에게 임한 고통과 재앙을 멈춰주시기를 요청하고 있습니다.

온 세상 먼지를 급류로 씻어내듯이, 20 주님께서는 연약한 사
람의 삶의 희망도 그렇게 끊으십니다. 주님께서 사람을 끝까
지 억누르시면, 창백하게 질린 얼굴로 주님 앞에서 쫓겨날 것
입니다. 21 자손이 영광을 누려도 그는 알지 못하며, 자손이
비천하게 되어도 그 소식 듣지 못합니다. 22 그는 다만 제 몸
아픈 것만을 느끼고, 제 슬픔만을 알 뿐입니다.

{ 제15장 }

엘리바스의 두 번째 발언

1 데만 사람 엘리바스가 대답하였다. 2 지혜롭다는 사람이, 어
찌하여 열을 올리며 궤변을 말하느냐? 3 쓸모없는 이야기로
논쟁이나 일삼고, 아무 유익도 없는 말로 다투기만 할 셈이
냐? 4 정말 너야말로 하나님을 두려워하는 마음도 내던져버
리고, 하나님 앞에서 뉘우치며 기도하는 일조차도 팽개쳐버리
는구나. 5 네 죄가 네 입을 부추겨서, 그 혀로 간사한 말만 골
라서 하게 한다. 6 너를 정죄하는 것은 네 입이지, 내가 아니
다. 바로 네 입술이 네게 불리하게 증언한다. 7 네가 맨 처음
으로 세상에 태어난 사람이기라도 하며, 산보다 먼저 생겨난
존재라도 되느냐? 8 네가 하나님의 회의를 엿듣기라도 하였
느냐? 어찌하여 너만 지혜가 있다고 주장하느냐? 9 우리가 알
지 못하는 어떤 것을 너 혼자만 알고 있기라도 하며, 우리가

엘리바스의 태도는 처음 발언에(4장) 비해 사뭇 강경하고 날이 서 있습니다. 분위기가 이렇게 달라진 이유는 무엇입니까? 세 친구들의 말은 갈수록 강경해집니다. 처음에는 분명 욥을 위로하고자 했고, 그래서 현재의 고난은 욥으로 하여금 자신을 돌아보게 하는 것이며 욥이 하나님 앞에 바르게 나아간다면 훗날에는 더욱 번성하게 될 것이라 권고합니다. 그러나 욥은 자신의 죄 때문에 하나님께서 재앙을 내리셨다는 그들의 말을 받아들일 수가 없었습니다. 그 누구라도 하나님 앞에 전혀 죄 없다 할 수는 없겠으나, 욥은 이렇게까지 하나님께서 자신을 재앙으로 심판하시는 것은 자신의 죄와 무관한, 전적으로 하나님께서 자신을 철저하게 살피시는 결과라고 여겼습니다. 이렇게 욥이 끝까지 자신의 죄를 인정하지 않고 겸손한 태도를 보이지 않자, 세 친구들은 화까지 내면서 욥을 강경하게 몰아붙입니다. 이들은 자신들이 욥을 찾아온 이유도 잊은 채, 욥을 정죄하는 데 몰두합니다.

깨닫지 못하는 그 무엇을 너 혼자만 깨닫기라도 하였다는 말
이냐? 10 우리가 사귀는 사람 가운데는, 나이가 많은 이도 있
고, 머리가 센 이도 있다. 네 아버지보다 나이가 더 든 이도 있
다. 11 하나님이 네게 위로를 베푸시는데도, 네게는 그 위로
가 별것 아니란 말이냐? 하나님이 네게 부드럽게 말씀하시는
데도, 네게는 그 말씀이 하찮게 들리느냐? 12 무엇이 너를 그
렇게 건방지게 하였으며, 그처럼 눈을 부라리게 하였느냐?
13 어찌하여 너는 하나님께 격한 심정을 털어놓으며, 하나님
께 함부로 입을 놀려대느냐? 14 인생이 무엇이기에 깨끗하다
고 할 수 있겠으며, 여인에게서 태어난 사람이 무엇이기에 의
롭다고 할 수 있겠느냐? 15 바로 그것이다. 하나님은 당신의
천사들마저도 반드시 신뢰할 수 있다고 여기지는 않으신다.
그분 눈에는 푸른 하늘도 깨끗하게만 보이지는 않는다. 16 하
물며 구역질 나도록 부패하여 죄를 물 마시듯 하는 사람이야
어떠하겠느냐? 17 네게 가르쳐줄 것이 있으니, 들어보아라.

엘리바스가 말하는 '하나님의 위로'(11절)는 무얼 가리킵니까? 고난이 시작된 이후로 하나님이 위로를 베푸는 모습을 본 적이 없습니다. 엘리바스로서는 자신과 다른 친구들이 욥을 찾아와서 이제라도 뉘우치면 하나님께서 회복하실 것이라 권하는 것이 하나님께서 주시는 위로라 생각했을 겁니다. 그런데 욥이 이러한 '위로'를 전부 걷어차고서 자신이 죄 없다 하니, 도리어 격분하는 지경까지 이르렀습니다. 하나님께서 자신에게 왜 이렇게까지 행하시는지 알 수 없다는 욥의 탄식과 신음을 두고 엘리바스는 욥이 "하나님께 대항하여 주먹을 휘두르고 전능하신 분을 우습게 여긴다"(25절)고까지 표현합니다. 사람들은 자신의 틀과 신앙에 맞춰 전하는 말이 상대를 향한 '위로'라고 생각합니다. 세월호 참사 당시 적지 않은 교회가 참사 유가족을 향해 "하나님의 뜻이 무엇인지 생각해보라", "더 크게 번성케 하시려는 시련이다" 따위의 말을 위로랍시고 건넸지만, 오히려 유가족을 더욱 고통스럽게 만드는 말이고 행태였던 것을 떠올리게 하는 대목입니다.

내가 배운 지혜를 네게 말해주겠다. 18 이것은 내가 지혜로운
사람들에게서 배운 것이고, 지혜로운 사람들도 자기 조상에
게서 배운 공개된 지혜다. 19 그들이 살던 땅은 이방인이 없는
땅이고, 거기에서는 아무도 그들을 곁길로 꾀어내서 하나님
을 떠나게 하지 못하였다. 20 악한 일만 저지른 자들은 평생
동안 분노 속에서 고통을 받으며, 잔인하게 살아온 자들도 죽
는 날까지 같은 형벌을 받는다. 21 들리는 소식이라고는 다 두
려운 소식뿐이고, 좀 평안해졌는가 하면 갑자기 파괴하는 자
가 들이닥치는 것이다. 22 그런 사람은, 어디에선가 칼이 목
숨을 노리고 있으므로, 흑암에서 벗어나서 도망할 희망마저
가질 수 없다. 23 날짐승이 그의 주검을 먹으려고 기다리고 있
으니, 더 이상 앞날이 없음을 그는 깨닫는다. 24 재난과 고통
이, 공격할 준비가 다 된 왕처럼, 그를 공포 속에 몰아넣고 칠
것이다. 25 이것은 모두 그가, 하나님께 대항하여 주먹을 휘
두르고, 전능하신 분을 우습게 여긴 탓이 아니겠느냐? 26 전

25–26절을 볼 때 엘리바스는 무얼 근거로 욥이 하나님께 대항하고 그분을 우습게 여긴다고 하는 걸까요? 재앙이 임했을 때 스스로 하나님께 잘못한 것이 있다고 여기며 자신을 돌아보고 죄악을 찾아 고백하고 뉘우치는 것, 그것이 엘리바스와 친구들이 생각하는 '경건'이고 '신앙'입니다. 그러나 만약 이것이 신앙의 전부라면, 이 땅의 가난한 이들의 삶은 온통 회개할 것으로 가득할 테고, 부귀영화를 누리는 상류층은 오직 의롭게 살아 하나님께 큰 복을 받은 삶이 되어버리지 않겠습니까? 슬픔과 재앙이 닥친 삶을 두고 죄에 대한 심판이라 풀이한다면 결국 "이긴 자가 정의"라고 선포하는 것이나 마찬가지일 겁니다. 일찍이 교회는 권력의 편에 서서, 노동자의 고통을 스스로를 돌아보라는 하나님의 뜻으로 풀이하고, 기업가의 풍요를 하나님께서 주신 복이라고 축하한 적이 많았습니다. 엘리바스 역시 자신의 신앙의 틀로, 하나님의 행하심을 향해 탄식하며 고통을 호소하는 욥을 건방지고 교만한 자로 규정해버립니다.

능하신 분께 거만하게 달려들고, 방패를 앞세우고 그분께 덤
빈 탓이다. 27 비록, 얼굴에 기름이 번지르르 흐르고, 잘 먹어
서 배가 나왔어도, 28 그가 사는 성읍이 곧 폐허가 되고, 사는
집도 폐가가 되어서, 끝내 돌무더기가 되고 말 것이다. 29 그
는 더 이상 부자가 될 수 없고, 재산은 오래가지 못하며, 그림
자도 곧 사라지고 말 것이다. 30 어둠이 엄습하면 피하지 못
할 것이며, 마치 가지가 불에 탄 나무와 같을 것이다. 꽃이 바
람에 날려 사라진 나무와 같을 것이다. 31 그가 헛것을 의지할
만큼 어리석다면, 악이 그가 받을 보상이 될 것이다. 32 그런
사람은 때가 되지도 않아, 미리 시들어버릴 것이며, 마른 나뭇
가지처럼 되어, 다시는 움을 틔우지 못할 것이다. 33 익지도
않은 포도가 마구 떨어지는 포도나무처럼 되고, 꽃이 다 떨어
져서 열매를 맺지 못하는 올리브나무처럼 될 것이다. 34 하나
님을 두려워하지 않는 무리는 이렇게 메마르고, 뇌물로 지은
장막은 불에 탈 것이다. 35 재난을 잉태하고 죄악만을 낳으
니, 그들의 뱃속에는 거짓만 들어 있을 뿐이다.

하나님을 두려워한다는 건(34절) 무슨 말입니까? 조심스러워하며 공경하는 자세입니까, 아니면 공포심에 무서워하는 태도입니까? 이 구절에서 '하나님을 두려워하지 않는'으로 옮겨진 히브리말은 '경건하지 못한'(20:5) 혹은 '믿음을 저버린'(8:13), '사악한'(13:16)으로 번역되기도 했습니다. 욥기에서 "하나님을 두려워하지 않는다"는 표현은 살아계신 하나님의 존재를 생각하지 않는 것, 하나님께서 인생을 주관하며 다스리심을 고려하지 않고 제 뜻대로 살아가는 것을 가리킨다고 볼 수 있습니다. '하나님 경외' 혹은 '하나님을 두려워함'으로 옮길 수 있는 히브리말도 있는데, 그 표현의 기본적인 의미는 '하나님을 무서워함'입니다. 하나님을 무서워한다는 것은 그분이 온 세상의 하나님이심을 믿고 인정하는 것, 그래서 그분의 뜻에 순종하는 것을 의미합니다. 문제는 엘리바스를 비롯한 친구들은 욥이 하나님을 두려워하지 않는다 여겼지만, 실제 욥은 하나님을 두려워하는 사람이었다는 점입니다.

{ 제16장 }

욥의 대답

1 욥이 대답하였다. 2 그런 말은 전부터 많이 들었다. 나를 위
로한다고 하지만, 오히려 너희는 하나같이 나를 괴롭힐 뿐이
다. 3 너희는 이런 헛된 소리를 끝도 없이 계속할 테냐? 무엇
에 홀려서, 그렇게 말끝마다 나를 괴롭히느냐? 4 너희가 내
처지가 되면, 나도 너희처럼 말할 수 있을 것이다. 나도 너희
에게 마구 말을 퍼부으며, 가엾다는 듯이 머리를 내저을 것이
다. 5 내가 입을 열어 여러 가지 말로 너희를 격려하며, 입에
발린 말로 너희를 위로하였을 것이다. 6 내가 아무리 말을 해
도, 이 고통 줄어들지 않습니다. 입을 다물어보아도 이 아픔이
떠나가지 않습니다. 7 주님께서 나를 기진맥진하게 하시고,
내가 거느리고 있던 자식들을 죽이셨습니다. 8 주님께서 나를
체포하시고, 주님께서 내 적이 되셨습니다. 내게 있는 것이라
고는, 피골이 상접한 앙상한 모습뿐입니다. 이것이 바로 주님

6–8절은 경어를 사용합니다. 욥은 왜 갑자기 말투를 바꾼 걸까요? 7절에서 하나님을 2인칭으로 표현한 부분을 고려할 때, 이제 욥은 하나님을 향해 말한다고 볼 수 있습니다. 새번역성경은 그런 부분마다 이렇게 경어체로 표현합니다. 세 친구들과 논쟁할 때 욥은 언제나 친구들의 주장에 반박하는 내용으로 시작해 하나님께 탄식하며 신음하는 말로 마무리했으며, 여기서도 그렇습니다. 욥은 하나님께서 행하신 일로 인해 자신이 친구들에게 괴로움과 고통을 당하고 있다고 하나님께 호소합니다. 그러나 하나님을 가리키는 2인칭은 9절부터 다시 3인칭으로 바뀝니다. 9절 이하는 욥의 독백이라 볼 수 있습니다. 욥은 자신에게 일어난 일이 하나님께서 자신을 으스러뜨리고 부수어버리신 것이라고 한탄합니다.

께서 나를 치신 증거입니다. 사람들은 피골이 상접한 내 모습
을 보고, 내가 지은 죄로 내가 벌을 받았다고 합니다. 9 주님
께서 내게 분노하시고, 나를 미워하시며, 내게 이를 가시며,
내 원수가 되셔서, 살기 찬 눈초리로 나를 노려보시니, 10 사
람들도 나를 경멸하는구나. 욕하며, 빰을 치는구나. 모두 한패
가 되어 내게 달려드는구나. 11 하나님이 나를 범법자에게 넘
겨버리시며, 나를 악한 자의 손아귀에 내맡기셨다. 12 나는 평
안히 살고 있었는데, 하나님이 나를 으스러뜨리셨다. 내 목덜
미를 잡고 내던져서, 나를 부스러뜨리셨다. 그가 나를 세우고
과녁을 삼으시니, 13 그가 쏜 화살들이 사방에서 나에게 날아
든다. 그가 사정없이 내 허리를 뚫으시고, 내 내장을 땅에 쏟
아내신다. 14 그가 나를 갈기갈기 찢고 또 찢으시려고 용사처
럼 내게 달려드신다. 15 내가 맨살에 베옷을 걸치고 통곡한다.
내 위세를 먼지 속에 묻고, 여기 이렇게 시궁창에 앉아 있다.
16 하도 울어서, 얼굴마저 핏빛이 되었고, 눈꺼풀에는 죽음의

9–14절에서 욥은 온갖 고난이 하나님으로부터 비롯되었다고 호소합니다. 그렇다면 하늘에 있는 증인과 높은 곳의 변호인은(19절) 누굴 가리킵니까? 세 친구도 욥도, 욥에게 일어난 재앙이 하나님께로부터 온 것이라는 동일한 관점을 갖고 있습니다. 그러나 세 친구는 하나님께서 인과응보의 하나님이시기에 욥에게 문제가 있어서 그를 심판하며 재앙을 내리신 것이라 판단하지만, 욥은 하나님께서 인과응보를 넘어 행하실 때가 있음을 주장하며 자신에게 임한 재앙이 바로 그런 경우라고 생각합니다. 그래서 욥은 줄기차게 자신의 무죄를 주장하되, 하나님께서는 그분의 뜻대로 행하시는 분임을 거부하거나 공격하지 않습니다. 그저 욥은 현재 하나님의 뜻대로 행하시는 철저한 살피심을 자신이 더 이상 견디기 어려우니 그쳐달라고 계속 구하고 있습니다. 그리고 자신의 삶이 결국 이렇게 끝나더라도 하나님께서 자신의 무죄함을 알아주실 것이라고 굳게 확신합니다. 친구들은 이토록 욥을 정죄하며 욥에게 회개를 촉구하지만, 욥은 끝까지 하나님 앞에서 자신의 마음을 지킵니다.

그림자가 덮여 있다. 17 그러나 나는 폭행을 저지른 일이 없으
며, 내 기도는 언제나 진실하였다. 18 땅아, 내게 닥쳐온 이 잘
못된 일을 숨기지 말아라! 애타게 정의를 찾는 내 부르짖음이
허공에 흩어지게 하지 말아라! 19 하늘에 내 증인이 계시고,
높은 곳에 내 변호인이 계신다! 20 내 중재자는 내 친구다. 나
는 하나님께 눈물로 호소한다. 21 사람이 친구를 위하여 변호
하듯이, 그가 하나님께 내 사정을 아뢴다. 22 이제 몇 해만 더
살면, 나는 돌아오지 못하는 길로 갈 것이다.

{ 제17장 }

1 기운도 없어지고, 살날도 얼마 남지 않고, 무덤이 나를 기다
리고 있구나. 2 조롱하는 무리들이 나를 둘러싸고 있으니, 그
들이 얼마나 심하게 나를 조롱하는지를 내가 똑똑히 볼 수 있
다. 3 주님, 주님께서 친히 내 보증이 되어주십시오. 내 보증
이 되실 분은 주님밖에는 아무도 없습니다. 4 주님께서 그들
의 마음을 마비시키셔서 다시는 내게 우쭐대지 못하게 해주
십시오. 5 옛 격언에도 이르기를 '돈에 눈이 멀어 친구를 버
리면, 자식이 눈이 먼다' 하였다. 6 사람들이 이 격언을 가지
고 나를 공격하는구나. 사람들이 와서 내 얼굴에 침을 뱉는구
나. 7 근심 때문에 눈이 멀고, 팔과 다리도 그림자처럼 야위어
졌다. 8 정직하다고 자칭하는 자들이 이 모습을 보고 놀라며,
무죄하다고 자칭하는 자들이 나를 보고 불경스럽다고 규탄하
는구나. 9 자칭 신분이 높다는 자들은, 더욱더 자기들이 옳다
고 우기는구나. 10 그러나 그런 자들이 모두 와서 내 앞에 선
다 해도, 나는 그들 가운데서 단 한 사람의 지혜자도 찾지 못

욥은 "하나님이 나를 악한 자의 손아귀에 내맡기셨다"(16:11)고 하면서도 그 하나님에게 '보증'이 돼달라고 청합니다(17:3). 어느 편이 욥의 진심입니까? 세 친구들과 달리, 욥은 하나님께서 이유 없이 행하신다는 것을 알고 있습니다. 친구들은 끊임없이 욥에게서 사태의 원인을 찾아내려고 하면서, 욥에게 죄를 시인하고 하나님께로 돌이키라 말합니다. 그러나 자신이 무죄하며, 현재의 재앙이 자신의 죄로 인한 것이 아님을 알고 있는 욥으로서는 – 물론 하나님도, 독자들도 이를 알고 있습니다 – 결코 친구들의 말을 받아들일 수 없었습니다. 그가 오직 바라고 의지하고 기댈 곳이라고는 지금 자신을 철저하게 살피고 시험하시는 하나님밖에 없습니다. 그래도 하나님께서는 욥의 무죄함을 아시니까요.

할 것이다. 11 내가 살날은 이미 다 지나갔다. 계획도 희망도
다 사라졌다. 12 내 친구들의 말이 '밤이 대낮이 된다' 하지만,
'밝아온다' 하지만, 내가 이 어둠 속에서 벗어나지 못한다는 것
을, 나는 알고 있다. 13 내 유일한 희망은, 죽은 자들의 세계
로 가는 것이다. 거기 어둠 속에 잠자리를 펴고 눕는 것뿐이
다. 14 나는 무덤을 '내 아버지'라고 부르겠다. 내 주검을 파먹
는 구더기를 '내 어머니, 내 누이들'이라고 부르겠다. 15 내가
희망을 둘 곳이 달리 더 있는가? 내가 희망을 둘 곳이 달리 어
디 있는지, 아는 사람이 있는가? 16 내가 죽은 자들이 있는 곳
으로 내려갈 때에, 희망이 나와 함께 내려가지 못할 것이다.

"밤이 대낮이 된다"(12절)는 친구들의 말은 신앙을 가진 사람에게 필요한 마음가짐이 아닐까요? 그에 비해 욥은 지나치게 부정적이고 미래에 대한 신앙이 없는 사람 같습니다. 욥이나 친구들이나 욥이 겪는 재앙이 하나님께로부터 비롯되었다는 것을 알고 있습니다. 특히 욥은 하나님께서 때론 이유 없이 행하시는 분임도 알고 있습니다. 그렇기에 욥은 더욱 고통이 큽니다. 어떤 악령의 작용이 아니라, 하나님의 행하심이기에 욥으로서는 희망을 가지기가 쉽지 않습니다. 오직 욥이 기대하는 것이라고는 하나님께서 자신에 대한 이 철저한 조사를 속히 끝내주시는 것, 그리고 어서 빨리 이 고통스러운 현실을 벗어나 더 이상 아픔과 괴로움이 없는 죽음의 세계, 즉 스올로 내려가는 것입니다. 그만큼 욥의 고통은 길고 깊고 처절했습니다. 욥과 같은 사람에게 '희망'은 어쩌면 사치스러운 표현일 겁니다.

{ 제18장 }

빌닷의 두 번째 발언

1 수아 사람 빌닷이 대답하였다. 2 너는 언제 입을 다물 테
냐? 제발 좀 이제라도 눈치를 채고서 말을 그치면, 우리가 말
을 할 수 있겠다. 3 어찌하여 너는 우리를 짐승처럼 여기며,
어찌하여 우리를 어리석게 보느냐? 4 화가 치밀어서 제 몸을
갈기갈기 찢는 사람아, 네가 그런다고 이 땅이 황무지가 되
며, 바위가 제자리에서 밀려나느냐? 5 결국 악한 자의 빛은
꺼지게 마련이고, 그 불꽃도 빛을 잃고 마는 법이다. 6 그의
집 안을 밝히던 빛은 점점 희미해지고, 환하게 비추어주던 등
불도 꺼질 것이다. 7 그의 힘찬 발걸음이 뒤뚱거리며, 제 꾀
에 제가 걸려 넘어지게 될 것이다. 8 제 발로 그물에 걸리고,
스스로 함정으로 걸어 들어가니, 9 그의 발뒤꿈치는 덫에 걸
리고, 올가미가 그를 단단히 죌 것이다. 10 땅에 묻힌 밧줄이

빌닷의 말은 저주에 가까울 만큼 신랄합니다. 설령 죄의 대가를 치르는 중이라 할지라도 극도의 어려움을 겪는 친구를 이토록 몰아붙이는 속을 모르겠습니다. 악인은 결국 쓰러지고 패망하게 된다는 빌닷의 말 자체는 틀린 데가 없고 충분히 타당합니다. 문제는 그가 이 말을, 현재 집안 전체가 풍비박산되고 극심한 재앙을 겪고 있는 욥을 앞에 두고 한다는 점입니다. 아무리 옳은 말이라도 맥락이 맞지 않으면 상대방에게 크나큰 상처가 됩니다. 우리 기독교인들은 "예수 믿으세요"라는 말이 옳은 말이라는 점을 내세워, 상대방의 맥락도 상황도 고려하지 않은 채 일방적으로 선포한 적이 많습니다. 욥기는 옳은 말처럼 들리는 말이 모두 옳은 것이 아님을 강렬하게 증언합니다. 오늘날의 교회와 기독교인들은 "우리는 시대의 맥락을 알고 있는가?"를 심각하게 고민해야 합니다.

그를 기다리고 길목에 숨겨진 덫이 그를 노린다. 11 죽음의 공
포가 갑자기 그를 엄습하고, 그를 시시각각으로 괴롭히며, 잠
시도 그를 놓아주지 않을 것이다. 12 악인이 그처럼 부자였어
도, 이제는 굶주려서 기운이 빠지며, 그 주변에 재앙이 늘 도
사리고 있다. 13 그의 살갗은 성한 곳 없이 썩어 들어가고, 마
침내 죽을병이 그의 팔다리를 파먹을 것이다. 14 그는, 믿고
살던 집에서 쫓겨나서, 죽음의 세계를 통치하는 왕에게로 끌
려갈 것이다. 15 그의 것이라고는 무엇 하나 집에 남아 있지
않으며, 그가 살던 곳에는 유황이 뿌려질 것이다. 16 밑에서
는 그의 뿌리가 마르고, 위에서는 그의 가지가 잘릴 것이다.
17 이 땅에서는 아무도 그를 기억하지 못하고, 어느 거리에서
도 그의 이름을 부르는 이가 없을 것이다. 18 사람들이 그를,
밝은 데서 어두운 곳으로 몰아넣어, 사람 사는 세계에서 쫓아
낼 것이다. 19 그의 백성 가운데는, 그의 뒤를 잇는 자손이 남
아 있지 않을 것이다. 그의 집안에는 남아 있는 이가 하나도
없을 것이다. 20 동쪽 사람들이 그의 종말을 듣고 놀라듯이,

'하나님을 알지 못하는 자'(21절)는 욥을 염두에 둔 표현입니까? 빌닷은 어떤 점에서 욥이 하나님을 모른다고 생각했을까요? 어디에도 빌닷이 욥을 언급하지는 않지만, 놓여 있는 문맥은 분명 욥을 향해 "당신은 악인이며, 하나님을 알지 못한다"고 규정한다는 것을 알 수 있습니다. 빌닷의 시각에서는, 자신에게 임한 재앙을 진지하게 생각한다면 스스로 하나님께 잘못한 것이 있음을 발견해야 하고, 비록 죄를 지었더라도 언제나 돌이키면 하나님께서 은혜를 베푸신다는 것을 알아야 하고, 희망을 갖고 하나님의 회복의 때를 진득하게 기다려야 합니다. 그런데 욥은 끝까지 자신은 잘못한 것이 없다고 하고, 하나님께서 이유 없이 자신을 조사하신다고 표현하며, 침묵과 믿음으로 기다리지 않으면서 오히려 힘들고 괴롭다며 자신을 내버려두라고 소리 지르고 있습니다. 그러니 빌닷이 보기에는 욥이 하나님을 알지 못한다고 여겨졌을 것입니다.

서쪽 사람들도 그의 말로를 듣고 겁에 질릴 것이다. 21 악한
자의 집안은 반드시 이런 일을 당하며, 하나님을 알지 못하는
자가 사는 곳이 이렇게 되고 말 것이다.

{ 제19장 }

욥의 대답

1 욥이 대답하였다. 2 네가 언제까지 내 마음을 괴롭히며, 어
느 때까지 말로써 나를 산산조각 내려느냐? 3 너희가 나를 모
욕한 것이 이미 수십 번이거늘, 그렇게 나를 학대하고도 부끄
럽지도 않으냐? 4 참으로 내게 잘못이 있다 하더라도, 그것은
내 문제일 뿐이고, 너희를 괴롭히는 것은 아니다. 5 너희 생각
에는 너희가 나보다 더 낫겠고, 내가 겪는 이 모든 고난도 내

"폭력이다!"(7절)라는 부르짖음이 뜬금없습니다. 하나님의 처분을 폭력으로 표현한 걸까요? 아니면 귀 기울이는 이가 없음을 강조하는 수사입니까? 결국 '폭력'은 힘 있는 이가 힘없는 이에게 일방적으로 가한 행동이라고 할 때, 하나님께서 욥에게 하신 일을 욥이 '폭력'이라는 말 외에 달리 표현할 수 있을까요? 8-12절에 묘사된 내용을 표현할 수 있는 말도 '폭력'일 것입니다. 사실 하나님의 행하심을 "다 뜻이 있을 거야"라며 어떻게든 좋은 쪽으로 해석하려고 애쓰는 우리네 모습, 그리고 도리어 자신이 지은 심각한 죄 때문이라고 생각하는 세 친구들의 모습을 고려하면, 자신에게 임한 재앙을 두고 '폭력'이라 외치는 욥은 파격적입니다. 이와 같은 내용으로 인해 욥기는 매우 특별한 성경이요, 하나님 말씀입니다. 기독교 신앙은 하나님을 극도로 무서워해서 그 앞에서 아무 말도 못 하고 그저 찬송만 해야 하는 종교가 아니라, 때로 욥처럼 하나님을 향해 자신이 겪는 극심한 고통으로 인해 '폭력'이라고, 여기에는 "정의가 없다"고 부르짖는 신앙입니다.

가 지은 죄를 증명하는 것이겠지. 6 그러나 이것만은 알아야
한다. 나를 궁지로 몰아넣으신 분이 하나님이시고, 나를 그물
로 덮어씌우신 분도 하나님이시다. 7 "폭력이다!" 하고 부르짖
어도 듣는 이가 없다. "살려달라!"고 부르짖어도 귀를 기울이
는 이가 없다. 8 하나님이, 내가 가는 길을 높은 담으로 막으
시니, 내가 지나갈 수가 없다. 내 가는 길을 어둠으로 가로막
으신다. 9 내 영광을 거두어가시고, 머리에서 면류관을 벗겨
가셨다. 10 내 온몸을 두들겨 패시니, 이젠 내게 희망도 없다.
나무뿌리를 뽑듯이, 내 희망을 뿌리째 뽑아버리셨다. 11 하
나님이 내게 불같이 노하셔서, 나를 적으로 여기시고, 12 나
를 치시려고 군대를 보내시니 그 군대는 나를 치려고 길을 닦
고, 내 집을 포위하였다. 13 그가 내 가족을 내게서 멀리 떠나
가게 하시니, 나를 아는 이들마다, 낯선 사람이 되어버렸다.
14 친척들도 나를 버렸으며, 가까운 친구들도 나를 잊었다.
15 내 집에 머무르는 나그네와 내 여종들까지도 나를 낯선 사
람으로 대하니, 그들의 눈에, 나는 완전히 낯선 사람이 되고
말았다. 16 종을 불러도 대답조차 안 하니, 내가 그에게 애걸
하는 신세가 되었고, 17 아내조차 내가 살아 숨 쉬는 것을 싫

욥은 자신을 '궁지로 몰아넣으신 분'(6절)을 '구원자'(25절)라고 부릅니다. 욥의 진심은 무엇입니까? 욥이 생각하는 하나님은 어떤 분입니까? 하나님의 행하심을 두고 욥이 '폭력'이라고 표현하기도 하고, 하나님을 향해 "나 좀 내버려두세요"라고 항변하기도 하지만, 이것은 모두 근본적으로는 살아계신 하나님에 대한 신뢰를 전제로 합니다. 그래서 욥을 비롯한 구약성경의 신앙인들이 하나님을 향해 토로하는 탄식과 부르짖음은 다른 방식으로 표현된 찬양이라고 할 수 있습니다. 욥은 자신의 삶의 고통으로 인해 탄식했지만(3장), 이후 그 고통은 그 누구도 자신을 알아주거나 이해하지 않고, 친구라는 이들이 계속 그에게 윽박지르고 회개하라고 위협하면서

어하고, 친형제들도 나를 역겨워한다. 18 어린 것들까지도 나
를 무시하며, 내가 일어나기만 하면 나를 구박한다. 19 친한
친구도 모두 나를 꺼리며, 내가 사랑하던 이들도 내게서 등
을 돌린다. 20 나는 피골이 상접하여 뼈만 앙상하게 드러나
고, 잇몸으로 겨우 연명하는 신세가 되었다. 21 너희는 내 친
구들이니, 나를 너무 구박하지 말고 불쌍히 여겨다오. 하나님
이 손으로 나를 치셨는데, 22 어찌하여 너희마저 마치 하나님
이라도 된 듯이 나를 핍박하느냐? 내 몸이 이 꼴인데도, 아직
도 성에 차지 않느냐? 23 아, 누가 있어 내가 하는 말을 듣고
기억하여주었으면! 24 누가 있어 내가 하는 말을 비망록에 기
록하여주었으면! 누가 있어 내가 한 말이 영원히 남도록 바위
에 글을 새겨주었으면! 25 그러나 나는 확신한다. 내 구원자
가 살아계신다. 나를 돌보시는 그가 땅 위에 우뚝 서실 날이
반드시 오고야 말 것이다. 26 내 살갗이 다 썩은 다음에라도,
내 육체가 다 썩은 다음에라도, 나는 하나님을 뵈올 것이다.
27 내가 그를 직접 뵙겠다. 이 눈으로 직접 뵐 때에, 하나님이
낯설지 않을 것이다. 내 간장이 다 녹는구나! 28 나는 너희가
무슨 말을 할지 잘 알고 있다. 너희는 내게 고통을 줄 궁리만

더욱 심해졌습니다. 그러나 욥은 이 모든 것이 하나님께로부터 비롯되었기에 결국 하나님께서 자신에게 응답하실 것이라 믿고 있음을 본문 25절에서 보여줍니다. 사람 마음은 누구라도 복잡하니 욥 역시 그럴 것입니다. 그의 마음 한편에서는 하나님의 행하심으로 인해 극히 고통스러워 신음하지만, 다른 한편으로는 주변의 모든 이들이 자신을 이해하지 못하는 상황에서 오직 하나님만은 자신을 아실 것이라는 마음도 강렬하다고 볼 수 있습니다.

하고 있다. 너희는 나를 칠 구실만 찾고 있다. 29 그러나 이제 너희는 칼을 두려워해야 한다. 칼은 바로 죄 위에 내리는 하나님의 분노다. 너희는, 심판하시는 분이 계시다는 것을 알아야 할 것이다.

하나님을 직접 뵐 때 낯설지 않을 것이라는(27절) 말은 무슨 뜻입니까? 욥이 괴로움을 토로하고, 항의하고, 또 간절히 부르짖는 대상은 다른 누구도 아닌 욥이 이제껏 알고 믿은 그 하나님입니다. 세 친구들은 욥이 하나님을 잘 모른다고 공격하지만, 욥은 자신의 하나님이 어떤 분이신지 확실하게 알고 굳건하게 붙잡고 있습니다. 욥이 마침내 하나님 앞에 설 때 낯설지 않을 거라는 구절은 그런 의미라 여겨집니다. 욥은 이전에 몰랐던 하나님을 알게 되는 것이 아니라, 자신의 잘못을 돌이켜 하나님 앞에서 뉘우치는 것이 아니라, 친구들의 모질고 격렬한 공격에도 굳건하게 신뢰하며 간직했던 그 하나님 앞에 서게 될 것입니다.

{ 제20장 }

소발의 두 번째 발언

1 나아마 사람 소발이 대답하였다. 2 입을 다물고 있으려 했으
나, 네 말을 듣고 있자니 화가 나서 참을 수가 없다. 3 네가 하
는 말을 듣고 있자니 모두 나를 모욕하는 말이다. 그러나 깨
닫게 하는 영이 내게 대답할 말을 일러주었다. 4 너도 이런 것
쯤은 알고 있을 것이다. 이 땅에 사람이 생기기 시작한 그 옛
날로부터, 5 악한 자의 승전가는 언제나 잠깐뿐이었으며, 경
건하지 못한 자의 기쁨도 순간일 뿐이었다. 6 교만이 하늘 높
은 줄 모르고, 머리가 구름에 닿는 것 같아도, 7 마침내 그도
분토처럼 사라지고 말며, 그를 본 적이 있는 사람도 그 교만
한 자가 왜 안 보이느냐고 물으리라는 것쯤은, 너도 알고 있
을 것이다. 8 꿈같이 잊혀져 다시는 흔적을 찾을 수 없게 되
며, 마치 밤에 본 환상처럼 사라질 것이다. 9 그를 본 적이 있
는 사람도 다시는 그를 볼 수 없으며, 그가 살던 곳에서도 다

소발의 말은 시작부터 와닿지 않습니다. 현실에선 악한 자의 승전가가 오래도록 지속되고 경건치 못한 이들의 기쁨이 오래가는 것처럼 느껴지는데(5절), 착각일까요? 여기 언급된 소발의 말 전체는 시편 73편 18-20절에서 시인이 깨달은 내용과 무척 흡사합니다. 여기서 관건은 '잠깐'이 물리적인 시간이 아니라, 믿음의 시간이라는 점입니다. 우리에겐 무척 긴 시간 같을지라도 결국 악은 심판받으니 그들의 존재는 잠깐일 따름입니다. 소발의 말은 그 자체가 틀렸다기보다는, 맥락과 상황에 맞지 않는 게 문제라고 여겨집니다. 악이 결국 패망한다는 말을, 왜 소발은 욥 앞에서 하는 것일까요? 한때 대단했던 이가 결국 모든 재산을 다 잃게 될 거라는 소발의 말은, 현재 모든 것이 전부 사라져버린 욥에게 어떤 의미로 닿았을까요? 경우에 맞지 않는 말은 그 자체로 옳더라도 그저 독화살일 뿐입니다.

시는 그를 볼 수 없을 것이다. 10 그 자녀들이 가난한 사람에
게 용서를 구할 것이며, 착취한 재물을 가난한 사람에게 배상
하게 될 것이다. 11 그의 몸에 한때는 젊음이 넘쳤어도, 그 젊
음은 역시 그와 함께 먼지 속에 눕게 될 것이다. 12 그가 혀로
악을 맛보니, 맛이 좋았다. 13 그래서 그는 악을 혀 밑에 넣고,
그 달콤한 맛을 즐겼다. 14 그러나 그것이 뱃속으로 내려가서
는 쓴맛으로 변해버렸다. 그것이 그의 몸속에서 독사의 독이
되어버렸다. 15 그 악한 자는 꿀꺽 삼킨 재물을 다 토해냈다.
하나님은 이렇게 그 재물을 그 악한 자의 입에서 꺼내어서 빼
앗긴 사람들에게 되돌려주신다. 16 악한 자가 삼킨 것은 독과
도 같은 것, 독사에 물려 죽듯이 그 독으로 죽는다. 17 올리브
기름이 강물처럼 흐르는 것을 그는 못 볼 것이다. 젖과 꿀이
흐르는 것도 못 볼 것이다. 18 그는 수고하여 얻은 것을 마음
대로 먹지도 못하고 되돌려 보내며, 장사해서 얻은 재물을 마
음대로 누리지도 못할 것이다. 19 이것은, 그가 가난한 이들
을 억압하고 돌보지 않았기 때문이며, 자기가 세우지도 않은

소발은 악한 자의 자녀들이 가난한 사람들에게 사죄하고 배상하게 될 거라고 합니다(10절). 하도 희귀해서 소설에나 나올 법한 일을 마치 흔한 일처럼 얘기하는 까닭을 모르겠습니다. 욥기의 중요한 특징은 세상에 존재하는 악의 번성과 의인의 고난에 대한 여러 고민과 나름의 대답을 보여준다는 점입니다. 소발을 비롯한 욥의 친구들은 일관되게 정의의 궁극적인 승리를 이야기합니다. 악이 꽤나 오래 번성하며 부귀영화를 누리지만, 결국 멸망하는 것은 역사 속에서도 확인되지 않습니까? 짧은 우리네 현대사에서도 쿠데타를 일으켜 집권하더라도 마침내 진실이 규명되고 뒤늦게라도 그 세력이 처벌되는 것을 경험했습니다. 그 과정에서 희생된 이들에게 국가가 배상하는 것을 종종 봅니다. 소발의 말은 그 자체로는 타당합니다. 정의의 궁극적 승리와 가난한 자의 회복을 믿는다면 지금 우리가 할 일은 불의에 맞서 대항하며, 가난하고 약한 이들의 삶을 위해 수고하며 싸우는 일일 것입니다.

남의 집을 강제로 빼앗았기 때문이다. 20 그는 아무리 가져도
만족하지 못한다. 탐욕에 얽매여 벗어나지를 못한다. 21 먹을
때에는 남기는 것 없이 모조리 먹어치우지만, 그의 번영은 오
래가지 못한다. 22 성공하여 하늘 끝까지 이를 때에, 그가 재
앙을 만나고, 온갖 불운이 그에게 밀어닥칠 것이다. 23 그가
먹고 싶은 대로 먹게 놓아두어라. 하나님이 그에게 맹렬한 진
노를 퍼부으시며, 분노를 비처럼 쏟으실 것이다. 24 그가 철
무기를 피하려 해도, 놋화살이 그를 꿰뚫을 것이다. 25 등을
뚫고 나온 화살을 빼낸다 하여도, 쓸개를 휘젓고 나온 번쩍이
는 활촉이 그를 겁에 질리게 할 것이다. 26 그가 간직한 평생
모은 모든 재산이 삽시간에 없어지고, 풀무질을 하지 않아도
저절로 타오르는 불길이 그를 삼킬 것이며, 그 불이 집에 남
아 있는 사람들까지 사를 것이다. 27 하늘이 그의 죄악을 밝히
드러내며, 땅이 그를 고발할 것이다. 28 하나님이 진노하시는
날에, 그 집의 모든 재산이 홍수에 쓸려가듯 다 쓸려갈 것이
다. 29 이것이, 악한 사람이 하나님께 받을 몫이며, 하나님이
그의 것으로 정해주신 유산이 될 것이다.

소발은 하나님의 맹렬한 진노를 언급하면서(23-29절) 그 원인을 가난한 이들을 억압한 데서 찾습니다(19절). 특별히 이 잘못에 집중하는 이유는 무엇입니까? 이 부분은 매우 중요합니다. 하나님의 강력한 심판을 가져오는 죄악 가운데 가장 크고 핵심적인 것이 바로 가난한 자를 억압하고 학대하는 짓이라는 점에서 세 친구와 욥의 의견은 일치합니다. 차이가 있다면 욥이 겪는 재앙을 두고 세 친구들은 욥이 그런 큰 죄악을 저질렀음이 분명하다고 여긴 반면, 욥은 자신이 무죄하다고 생각한다는 점입니다. 높고 높은 하나님께서 낮고 낮은 사람에게 은혜를 베푸셨음을 생각하면, 사람이 자기보다 가난한 이에게 함부로 하는 것은 하나님께서 우리에게 행하신 것과 정반대의 행위입니다. 그리고 모든 사람이 하나님께서 지으신 존재요 형상인데, 가난하다고 함부로 대한다면 그것은 하나님께 정면으로 맞서는 짓입니다.

{ 제21장 }

욥의 대답

1 욥이 대답하였다. 2 너희는 내 말을 건성으로 듣지 말아라.
너희가 나를 위로할 생각이면, 내가 하는 말에 귀를 기울여라.
그것이 내게는 유일한 위로이다. 3 내게도 말할 기회를 좀 주
어라. 조롱하려면, 내 말이 다 끝난 다음에나 해라. 4 내가 겨
우 썩어질 육신을 두고 논쟁이나 하겠느냐? 내가 이렇게 초조
해하는 데에는, 그럴 이유가 있다. 5 내 곤경을 좀 보아라. 놀
라지 않을 수 없을 것이다. 기가 막혀 손으로 입을 막고 말 것
이다. 6 내게 일어난 일은 기억에 떠올리기만 해도 떨리고, 몸
에 소름이 끼친다. 7 어찌하여 악한 자들이 잘 사느냐? 어찌하
여 그들이 늙도록 오래 살면서 번영을 누리느냐? 8 어찌하여

"내게는 유일한 위로"(2절)라는데, 욥이 친구들에게 요구하는 위로는 어떤 것이었습니까? 2절은 자신을 위로한답시고 오히려 아픈 말을 내뱉는 친구들을 향한 욥의 진실하고도 간절한 마음을 표현합니다. 까닭 모를 큰 재앙을 겪은 이들에게 가장 필요하고 중요한 위로는 "그들이 하는 말을 건성으로 듣는 것이 아니라 제대로 귀 기울여 자세히 듣는 것"입니다. 우리는 고통을 겪는 이들에게 귀 기울이기보다는, 그들의 고통스러운 현실을 진단하고 평가하며 나름의 충고와 조언을 주려고 합니다. 그것이 4장부터 줄기차게 이어진 세 친구들의 말이었습니다. 충고와 조언은 재앙을 겪는 이들이 요청할 때 나눠야 합니다. 그보다 우선되어야 할 것은 그들의 곁에서 함께 슬퍼하며 우는 것, 그리고 그들의 고통과 억울한 사정을 귀 기울여 듣는 것, 그들의 아픔에 공감하는 것입니다. 또 그들에게 슬퍼하며 괴로워할 시간을 충분히 주는 것입니다. 그러나 욥의 친구들은 곧바로 충고와 조언을 시작했고, 우리 사회 역시 재난을 당한 이들을 향해 각계각층에서, 심지어 설교를 통해 별별 충고와 조언을 쏟아냈습니다. 진정한 위로는 '귀 기울여 듣는 것'입니다.

악한 자들이 자식을 낳고, 자손을 보며, 그 자손이 성장하는
것까지 본다는 말이냐? 9 그들의 가정에는 아무런 재난도 없
고, 늘 평화가 깃들며, 하나님마저도 채찍으로 치시지 않는다.
10 그들의 수소는 틀림없이 새끼를 배게 하며, 암소는 새끼를
밸 때마다 잘도 낳는다. 11 어린 자식들은, 바깥에다가 풀어놓
으면, 양 떼처럼 뛰논다. 12 소고와 거문고에 맞춰서 목청을
돋우며, 피리 소리에 어울려서 흥겨워하는구나. 13 그들은 그
렇게 일생을 행복하게 살다가, 죽을 때에는 아무런 고통도 없
이 조용하게 스올로 내려간다. 14 그런데도 악한 자들은, 자
기들을 그냥 좀 내버려두라고 하나님께 불평을 한다. 이렇게
살면 되지, 하나님의 뜻을 알 필요가 무엇이냐고 한다. 15 전
능하신 분이 누구이기에 그를 섬기며, 그에게 기도한다고 해
서 무슨 도움이 되겠느냐고 한다. 16 그들은 자기들의 성공이
자기들 힘으로 이룬 것이라고 주장하지만, 나는 그들의 생각
을 용납할 수 없다. 17 악한 자들의 등불이 꺼진 일이 있느냐?
과연 그들에게 재앙이 닥친 일이 있느냐? 하나님이 진노하시

욥은 '육신의 곤경' 때문에 초조해하는 게 아니라고 말합니다(4절). 지독한 고통을 당하는 처지에 달리 조급해할 이유가 무엇인지 모르겠습니다. 욥을 괴롭게 하는 상황은 두 가지입니다. 하나는 자신의 죄와 무관하게 하나님께서 자신을 지나치다 할 정도로 철저하게 시험하셔서 고통과 재난을 내리신다는 것입니다. 사람이 무엇이기에 하나님께서 사람을 이렇게까지 다루시는지 욥은 버겁기만 합니다. 또 하나 욥을 괴롭게 하는 것은 욥을 이렇게 다루시는 하나님께서 악인의 번성을 그냥 두시는 것처럼 보인다는 점입니다. 악인은 살아 있는 동안 평안을 누리고 죽을 때조차도 고통 없이 삶을 끝내는데도, 하나님께서는 그를 심판하거나 재앙을 내리지 않으시는 것 같으니, 욥으로서는 도무지 이해하기 어렵습니다. 결국 욥의 괴로움은 그가 사람이 아닌, 하나님을 상대하고 있다는 데서 비롯된 것입니다. 그래서 그는 초조하고 마음이 답답하고 막막했을 것입니다.

어, 그들을 고통에 빠지게 하신 적이 있느냐? 18 그들이 바람
에 날리는 검불과 같이 된 적이 있느냐? 폭풍에 날리는 겨와
같이 된 적이 있느냐? 19 너희는 "하나님이 아버지의 죄를 그
자식들에게 갚으신다" 하고 말하지만, 그런 말 말아라! 죄 지
은 그 사람이 벌을 받아야 한다. 그래야만 그가 제 죄를 깨닫
는다. 20 죄인은 제 스스로 망하는 꼴을 제 눈으로 보아야 하
며, 전능하신 분께서 내리시는 진노의 잔을 받아 마셔야 한다.
21 무너진 삶을 다 살고 죽을 때가 된 사람이라면, 제 집에 관
해서 무슨 관심이 더 있겠느냐? 22 하나님은 높은 곳에 있는
자들까지 심판하는 분이신데, 그에게 사람이 감히 지식을 가
르칠 수 있겠느냐? 23 어떤 사람은 죽을 때까지도 기력이 정
정하다. 죽을 때에도 행복하게, 편안하게 죽는다. 24 평소에
그의 몸은 어느 한 곳도 영양이 부족하지 않으며, 뼈마디마다
생기가 넘친다. 25 그러나 어떤 사람은 행복하고는 거리가 멀
다. 고통스럽게 살다가, 고통스럽게 죽는다. 26 그러나 그들

7-34절의 정서가 궁금합니다. 욥의 상황으로 봐서는 '원망'이어야 하는데, 말투로 보면 '궁금증'에 가깝습니다. 이 단락은 '악인의 번성과 평안'을 다룹니다. 악을 행한 자라면 마땅히 하나님의 심판을 받아야 하는데, 악인이 이 땅에서 번성을 누리고 행복하게 살다가 죽을 때도 큰 고통 없이 삶을 끝내는 모습이 욥으로서는 이해할 수 없었습니다. 반면 어떤 이들은 행복과는 거리가 먼 현실에서 고통스럽게 지내다가 죽는 순간까지도 고통스럽습니다. 이런 현실은 과연 하나님께서 정의롭게 세상을 다스리시는지 근본적인 질문을 던지게 합니다. 이 질문은 구약성경 곳곳에서 반복되는 근본적인 질문이며, 잠언이나 전도서처럼 지혜를 모색하는 지혜문학의 질문이기도 하고, 하나님의 뜻을 찾는 예언자의 질문이기도 합니다. 모든 것이 엉망인 세상에서 하나님을 버리고 세상의 권력이나 부와 타협한 악인은 번성을 누리는 반면, 신앙을 지키며 살아가는 이들은 쓰러지고 박해당하고 심지어 죽임까지 당합니다. 이러한 현실이 욥이 가진 질문의 시대적 배경이었을 것입니다.

두 사람은 다 함께 티끌 속에 눕고 말며, 하나같이 구더기로
덮이는 신세가 된다. 27 너희의 생각을 내가 다 잘 알고 있다.
너희의 속셈은 나를 해하려는 것이다. 28 너희의 말이 "세도
부리던 자의 집이 어디에 있으며, 악한 자가 살던 집이 어디
에 있느냐?" 한다. 29 너희는 세상을 많이 돌아다닌 견문 넓은
사람들과 말을 해본 일이 없느냐? 너희는 그 여행자들이 하는
말을 알지 못하느냐? 30 그들이 하는 말을 들어보아라. 하나
님이 진노하셔서 재앙을 내리셔도, 항상 살아남는 사람은 악
한 자라고 한다. 31 그 악한 자를 꾸짖는 사람도 없고, 그가 저
지른 대로 징벌하는 이도 없다고 한다. 32 그가 죽어 무덤으로
갈 때에는, 그 화려하게 가꾼 무덤으로 갈 때에는, 33 수도 없
는 조객들이 장례 행렬을 따르고, 골짜기 흙마저 그의 시신을
부드럽게 덮어준다고 한다. 34 그런데 어찌하여 너희는 빈말
로만 나를 위로하려 하느냐? 너희가 하는 말은 온통 거짓말뿐
이다.

세상에서 잘 살다가 하늘나라에 가고 싶어서 하나님을 믿고 그 뜻을 찾아 따르는 게 아닌가요?(13–14절) 욥은 마치 다른 이유가 있다는 투로 말합니다. 13–14절은 7절부터 시작된 '악한 자들의 번성'에 이어지는 구절입니다. 재난이 없고 평화가 깃들고 가축들은 생육번성하며 자식들은 잘 자란 모습, 이것이 욥이 표현하는 당대 악인의 형통한 삶입니다. 그래서 악인들은 하나님에 대한 두려움이 없고, 하나님의 뜻을 알 필요가 없으며, "이렇게 살면 되지", 즉 자신들의 삶의 방식이야말로 옳은 것이고 정의라고 말합니다. 악인들의 말을 요약하면 "정의가 이기는 것이 아니라 이긴 것이 정의"인 것입니다. 악인들의 이 오만한 말은 오늘날에도 우리 사회 곳곳에서 들을 수 있습니다. 세상에서의 번성이 모든 기준이 되어버렸고, 심지어 교회는 이들에게 그래도 교회 열심히 다니면 죽은 다음에 천국에 갈 수 있다는 약속까지 합니다. 한 손에는 이 땅의 부귀영화, 다른 손에는 내세까지 쥐여주는 셈입니다. 욥은 이런 현실로 인해 탄식하며 하나님과 세상을 향해 거세게 부르짖습니다.

{ 제22장 }

엘리바스의 세 번째 발언

1 데만 사람 엘리바스가 대답하였다. 2 사람이 하나님께 무슨
유익을 끼쳐드릴 수 있느냐? 아무리 슬기로운 사람이라고 해
도, 그분께 아무런 유익을 끼쳐드릴 수가 없다. 3 네가 올바
르다고 하여 그것이 전능하신 분께 무슨 기쁨이 되겠으며, 네
행위가 온전하다고 하여 그것이 그분께 무슨 유익이 되겠느
냐? 4 네가 하나님을 경외한 것 때문에, 하나님이 너를 책망
하시며, 너를 심판하시겠느냐? 5 오히려 네 죄가 많고, 네 죄
악이 끝이 없으니, 그러한 것이 아니냐? 6 네가 까닭 없이 친
족의 재산을 압류하고, 옷을 빼앗아 헐벗게 하고, 7 목마른
사람에게 마실 물 한 모금도 주지 않고, 배고픈 사람에게 먹

욥이 하나님도 인정한 '의인'이었던(1:8) 점을 생각하면, 본문 6-9절은 거짓이거나 턱없는 과장임을 알 수 있습니다. 엘리바스는 무슨 의도로 없는 말까지 지어내면서 친구를 공격합니까? 다른 친구들도 그랬지만, 엘리바스 역시 욥이 현재 겪는 참상과 재앙을 하나님께서 내리신 것이 분명하다고 판단했습니다. 그래서 그는 욥에게 잘못한 것은 없는지 스스로를 돌아보고 하나님께 죄를 인정하고 돌이키라고 반복해 촉구합니다. 엘리바스는 다시금 "너의 경외 때문에 책망하신 것이 아니라, 네 죄가 많고 죄악이 크기 때문이 아니냐?" 묻습니다(4-5절). 급기야는 욥이 저질렀을 죄악을 본인이 추론해 열거하기까지 합니다. 하나님께서 이렇게 큰 재앙을 내리셨으니 욥이 극심한 죄를 지었을 것이 분명하고, 그렇다면 욥은 이웃의 재산을 빼앗고 학대했으며 가난하고 힘겨운 사람을 짓밟은 게 확실하다고 여긴 것입니다. 엘리바스의 말을 통해 자기 신학의 논리에 사로잡혀 상대방을 정죄하는 전형적인 신앙인의 모습을 볼 수 있습니다. 다른 한편으로는 욥기 전체가 "가난한 자를 학대하는 짓은 가장 심각한 죄"라는 인식을 전제하고 있다는 것도 볼 수 있습니다.

을 것도 주지 않았기 때문이 아니겠느냐? 8 너는 권세를 이
용하여 땅을 차지하고, 지위를 이용하여 이 땅에서 거들먹거
리면서 살았다. 9 너는 과부들을 빈손으로 돌려보내고, 고아
들을 혹사하고 학대하였다. 10 그러기에 이제 네가 온갖 올무
에 걸려들고, 공포에 사로잡힌 것이다. 11 어둠이 덮쳐서 네가
앞을 볼 수 없고, 홍수가 너를 뒤덮는 것이다. 12 하나님이 하
늘 높은 곳에 계시지 않느냐? 저 공중에 높이 떠 있는 별들까
지도, 하나님이 내려다보고 계시지 않느냐? 13 그런데도 너
는 "하나님이 무엇을 아시겠으며, 검은 구름 속에 숨어계시면
서 어떻게 우리를 심판하실 수 있겠느냐? 14 짙은 구름에 그
가 둘러싸여 어떻게 보실 수 있겠느냐? 다만 하늘에서만 왔다
갔다 하실 뿐이겠지!" 하는구나. 15 너는 아직도 옛길을 고집
할 셈이냐? 악한 자들이 걷던 그 길을 고집할 셈이냐? 16 그들
은 때가 되기도 전에 사로잡혀 갔고, 그 기초가 무너져서 강물
에 떠내려가 버렸다. 17 그런데도 그들은 하나님께 말하기를
"우리를 좀 그냥 내버려두십시오. 전능하신 분이라고 하여 우

인간이 무슨 일을 하든 하나님께 아무 기쁨이 되지 않는다는(3절) 말은 정말일까요? 그럼 악한 행위만 문제 삼는 건 지나치게 불공평하고 일방적인 처사 아닌가요?

사람이 올바르게 살아갈 때 가장 큰 유익과 기쁨은 본인에게 돌아갈 것입니다. 사람이 죄악을 저지르며 살아갈 때 가장 큰 피해 또한 본인에게 임할 것입니다. 그런 의미에서 엘리바스의 말 자체는 타당한 부분이 있다고 여겨집니다. 누구를 위해 올바르게 살아가는 것이 아니라, 스스로를 위해 올바른 삶을 선택하는 것이 맞습니다. 의로운 삶에 재앙이 임하기도 하고, 심한 악인인데도 부귀영화를 누리는 일도 있습니다. 사람이 보기에 옳고 그른 것이 하나님 보시기에는 얼마나 큰 차이일까 생각해보는 태도도 필요합니다. 그래서 누군가에게 임한 복이나 재앙을 당연히 여기는 것은 사실 많은 부분 착각일 수 있습니다. 다만 자신의 풍성한 삶을 위해 정의롭게, 이웃을 돌아보며 살아가는 선택을 하는 것이 중요합니다.

리에게 무슨 일을 더 하실 수 있겠습니까?" 하였다. 18 그들의
집에 좋은 것을 가득 채워주신 분이 바로 하나님이신데도 악
한 자들이 그런 생각을 하다니, 나는 이해할 수 없다. 19 그런
악한 자가 형벌을 받을 때에, 의로운 사람이 그것을 보고 기
뻐하며, 죄 없는 사람들이 그것을 보고 비웃기를 20 "과연 우
리 원수는 전멸되고, 남은 재산은 불에 타서 없어졌다" 할 것
이다. 21 그러므로 너는 하나님과 화해하고, 하나님을 원수로
여기지 말아라. 그러면 하나님이 너에게 은총을 베푸실 것이
다. 22 하나님이 친히 말씀하여주시는 교훈을 받아들이고, 그
의 말씀을 네 마음에 깊이 간직하여라. 23 전능하신 분에게로
겸손하게 돌아가면, 너는 다시 회복될 것이다. 온갖 불의한 것
을 네 집 안에서 내버려라. 24 황금도 티끌 위에다가 내버리
고, 오빌의 정금도 계곡의 돌바닥 위에 내던져라. 25 그러면
전능하신 분이 네 보물이 되시고, 산더미처럼 쌓이는 은이 되
실 것이다. 26 그때가 되어야 비로소 너는, 전능하신 분을 진
정으로 의지하게 되고, 그분만이 네 기쁨의 근원이심을 알게
될 것이다. 27 네가 그분에게 기도를 드리면 들어주실 것이며,
너는 서원한 것을 다 이룰 것이다. 28 하는 일마다 다 잘되고,

엘리바스는 온갖 불의한 것을 버리라고 하면서 '황금과 오빌의 정금'을 예로 듭니다 (23–24절). 기독교 신앙에서 금붙이나 보석은 죄의 상징, 또는 증거와 관련이 있습니까? 성경에서 금과 보석은 대체로 '찬란함과 눈부신 아름다움'의 상징으로 사용됩니다. 대제사장의 복장에는 이스라엘 열두 지파를 상징하는 보석들, 그리고 금으로 만든 테가 달려 있습니다(출 28:9–14). 장차 임할 거룩한 성은 보석과 진주가 가득합니다(계 21:18–21). 엘리바스의 말 속에 언급되는 황금과 정금은 탐욕의 상징이라고 여겨집니다. 앞서 엘리바스는 욥이 가난한 자를 학대하고 권력을 이용해 땅을 차지했다고 고발했습니다(6–9절). 이렇게 다른 이를 짓밟은 이유는 동서고금을 막

빛이 네가 걷는 길을 비추어줄 것이다. 29 사람들이 쓰러지거
든, 너는 그것이 교만 때문이라고 일러주어라. 하나님은 겸손
한 사람을 구원하신다. 30 그분은 죄 없는 사람을 구원하신
다. 너도 깨끗하게 되면, 그분께서 구해주실 것이다.

론하고 언제나 더 많은 부를 얻기 위해서이고, 황금과 오빌의 정금은 그런 막대한 부를 상징합니다. 그래서 엘리바스는 욥에게 가난한 이를 짓밟고 학대하며 약탈한 황금을 모두 돌려주라고 촉구한 것입니다. 물론, 그는 욥을 전혀 이해하지 못한 채 말하고 있습니다.

{ 제23장 }

욥의 대답

1 욥이 대답하였다. 2 오늘도 이렇게 처절하게 탄식할 수밖에
없다니! 내가 받는 이 고통에는 아랑곳없이, 그분이 무거운 손
으로 여전히 나를 억누르시는구나! 3 아, 그분이 계신 곳을 알
수만 있다면, 그분의 보좌까지 내가 이를 수만 있다면, 4 그분
앞에서 내 사정을 아뢰련만, 내가 정당함을 입이 닳도록 변론
하련만. 5 그러면 그분은 무슨 말로 내게 대답하실까? 내게 어
떻게 대답하실까? 6 하나님이 힘으로 나를 억누르실까? 그렇
지 않을 것이다. 내가 말씀을 드릴 때에, 귀를 기울여 들어주실
것이다. 7 내게 아무런 잘못이 없으니, 하나님께 떳떳하게 말
씀드릴 수 있을 것이다. 내 말을 다 들으시고 나서는, 단호하
게 무죄를 선언하실 것이다. 8 그러나 동쪽으로 가서 찾아보

하나님을 만나면 모든 어려움이 해결될 텐데 찾을 길이 없다는 게 욥의 문제입니다(1–9절). 하나님은 존재하지만, 인간사에 개입하지 않는다는 말이 사실인가 봅니다. 욥은 자신의 삶에 임한 고통과 재앙이 하나님께로부터 온 것이라 받아들입니다. 그러니까 욥이 하나님께서는 인간사에 개입하지 않으신다고 생각하는 것은 아닙니다. 다만 그는 하나님께서 하시는 일을 이해하기 어렵다고 계속해서 이야기합니다. 재앙으로 힘겨워하는 자신을 향해 죄 때문이라고 줄기차게 지적하는 친구들로 인해 욥은 그저 하나님의 법정에 나아가 자신이 죄 없다는 판결을 받고 싶을 따름입니다. 그 마음을 이러한 본문으로 호소하는 것입니다. 지금이라도 하나님께서 자신을 살펴보시면 자신에게 흠이 없다는 것을 아실 거라 확신합니다(10절). 그러나 하나님께서 욥에게 무엇이라 말씀하시는지 그는 지금 알 수가 없어서 답답하고 괴롭습니다. 친구들은 계속해서 그를 정죄하니 더더욱 견딜 수 없어 하나님의 판결을 호소하고 있습니다.

아도, 하나님은 거기에 안 계시고, 서쪽으로 가서 찾아보아도,
하나님을 뵐 수가 없구나. 9 북쪽에서 일을 하고 계실 터인데
도, 그분을 뵐 수가 없고, 남쪽에서 일을 하고 계실 터인데도,
그분을 뵐 수가 없구나. 10 하나님은 내가 발 한 번 옮기는 것
을 다 알고 계실 터이니, 나를 시험해보시면 내게 흠이 없다는
것을 아실 수 있으련만! 11 내 발은 오직 그분의 발자취를 따르
며, 하나님이 정하신 길로만 성실하게 걸으며, 길을 벗어나서
방황하지 않았건만! 12 그분의 입술에서 나오는 계명을 어긴
일이 없고, 그분의 입에서 나오는 말씀을 늘 마음속 깊이 간직
하였건만! 13 그러나 그분이 한번 뜻을 정하시면, 누가 그것을
돌이킬 수 있으랴? 한번 하려고 하신 것은, 반드시 이루고 마
시는데, 14 하나님이 가지고 계신 많은 계획 가운데, 나를 두
고 세우신 계획이 있으면, 반드시 이루고야 마시겠기에 15 나
는 그분 앞에서 떨리는구나. 이런 것을 생각할 때마다, 그분이
두렵구나. 16 하나님이 내 용기를 꺾으셨기 때문이고, 전능하
신 분께서 나를 떨게 하셨기 때문이지, 17 내가 무서워 떤 것은
어둠 때문도 아니고, 흑암이 나를 덮은 탓도 아니다.

욥은 어둠도, 흑암도 아닌 하나님이 두렵다고 고백합니다(16–17절). 하나님을 직접 뵙지 못해 안달하면서(9절) 동시에 무서워하는 이유는 무엇입니까? 어둠과 흑암은 사람을 두렵게 하는 원초적인 상태입니다. 지금 욥을 고통스럽게 하는 것은 하나님께서 직접 자신의 삶에 뜻과 계획을 두고 이와 같은 재앙을 내리신다는 점입니다. 친구들이 끊임없이 정죄하기에 욥은 자신의 무죄함을 하나님께서 알아주시기를 바라며 하나님을 간절히 찾습니다. 또 한편으로는 사람이 주는 재앙이라면 견딜 법도 한데, 하나님께서 내리시는 재앙이기에 욥으로서는 어찌할 도리가 없었습니다. 그래서 욥은 "하나님이 나의 용기를 꺾으셔서 나를 떨게 하신다"고 생각합니다(16절). 아마 하나님께서 내리시는 재앙이기에 더 두려웠을 것입니다.

{ 제24장 }

1 어찌하여 전능하신 분께서는, 심판하실 때를 정하여두지 않
으셨을까? 어찌하여 그를 섬기는 사람들이 정당하게 판단받
을 날을 정하지 않으셨을까? 2 경계선까지 옮기고 남의 가축
을 빼앗아 제 우리에 집어넣는 사람도 있고, 3 고아의 나귀를
강제로 끌어가는 사람이 있는가 하면, 과부가 빚을 갚을 때까
지, 과부의 소를 끌어가는 사람도 있구나. 4 가난한 사람들이
권리를 빼앗기는가 하면, 흙에 묻혀 사는 가련한 사람들이 학
대를 견디다 못해 도망가서 숨기도 한다. 5 가난한 사람들은
들나귀처럼 메마른 곳으로 가서 일거리를 찾고 먹거리를 얻
으려고 하지만, 어린아이들에게 먹일 것을 찾을 곳은 빈 들뿐
이다. 6 가을걷이가 끝난 남의 밭에서 이삭이나 줍고, 악한 자
의 포도밭에서 남은 것이나 긁어모은다. 7 잠자리에서도 덮을
것이 없으며, 추위를 막아줄 이불 조각 하나도 없다. 8 산에
서 쏟아지는 소낙비에 젖어도, 비를 피할 곳이라고는 바위 밑

악인들이 판을 치는 불공정한 세상을 욥이 이처럼 상세하게 묘사하는(2-11절) 의도는 무엇입니까? 이것이 자신의 정당성을 입증하는 일과(23:4) 무슨 상관이 있습니까? 욥과 친구들, 그리고 욥기 전체에서 공통으로 전제하는 것은 가난한 이들을 짓밟고 약탈하는 짓은 가장 심각하고 큰 죄라는 판단입니다. 그래서 친구들은 욥이 겪는 재앙으로 볼 때 그런 죄를 지었을 것이 분명하다며 정죄하는 반면, 욥은 자신은 절대 그런 죄를 짓지 않았다고 강하게 항의합니다. 2-11절에서의 긴 묘사 역시 가난한 이를 짓밟는 짓이 얼마나 큰 죄인지 욥이 잘 알고 있음을 보여주기 위한 의도라고 이해할 수 있습니다. 이어지는 12절에서 욥은 그런데도 하나님께서는 죽어가는 이들의 간구를 못 들은 체하신다고까지 표현합니다. 현실에서 벌어지는 참상을 그냥 두시는 하나님을 향한 욥의 괴로움이 이 구절에 반영되어 있습니다. 사실, 그렇게 죽어가며 간구하는 이가 바로 욥 자신이기도 합니다.

밖에 없다. 9 아버지 없는 어린아이를 노예로 빼앗아가는 자
들도 있다. 가난한 사람이 빚을 못 갚는다고 자식을 빼앗아가
는 자들도 있다. 10 가난한 사람들은 입지도 못한 채로 헐벗고
다녀야 한다. 곡식단을 지고 나르지만, 굶주림에 허덕여야 한
다. 11 올리브로 기름을 짜고, 포도로 포도주를 담가도, 그들
은 여전히 목말라한다. 12 성읍 안에서 상처받은 사람들과 죽
어가는 사람들이 소리를 질러도, 하나님은 그들의 간구를 못
들은 체하신다. 13 빛을 싫어하는 사람들이 있다. 그들은 빛이
밝혀주는 것을 알지 못하며, 빛이 밝혀주는 길로 가지 않는다.
14 살인하는 자는 새벽에 일어나서 가난한 사람과 궁핍한 사
람을 죽이고, 밤에는 도둑질을 한다. 15 간음하는 자는 저물기
를 바라며, 사람들이 눈치채지 못할 것이라고 생각하며, 얼굴
을 가린다. 16 도둑들은 대낮에 털 집을 보아두었다가, 어두워
지면 벽을 뚫고 들어간다. 이런 자들은 하나같이 밝은 한낮에
는 익숙하지 못하다. 17 그들은 한낮을 무서워하고, 오히려 어
둠 속에서 평안을 누린다. 18 악한 사람은 홍수에 떠내려간다.

욥이 그려내는 하나님의 모습이 오락가락합니다. 죽어가는 이들의 간구를 못 들은 체하는(12절) 것과 악인들을 쓸어버리는(22절) 것 가운데 어느 쪽이 하나님의 진면목입니까? 하나님의 상반된 두 모습을 연결하는 것이 24절에 있는 '잠시'라는 표현일 것입니다. 악인들은 이 세상에서 번성하며, 하늘 무서운 줄 모른 채 약자를 괴롭히고 학대합니다. 그들의 평안은 하나님께서 주신 안정과 평안이되, 하나님께서는 반드시 그들의 행동을 낱낱이 살피고 심판하십니다. 그래서 '잠시 번영'하지만, 그들은 곧 풀처럼 시들고 마를 것입니다. 욥 역시 하나님께서 이렇게 행하시는 분임을 알고 믿고 있습니다. 그러나 문제는 그 '잠시'를 견디는 것이 사람에게는 무척이나 버겁다는 점입니다. 한순간을 살아가는 사람으로서는 하나님께서 정해두신 그 '때'를 알 수 없기에(1절), '잠시'인 줄 알아도 견디기가 어렵습니다. 그로 인해 욥은 탄식하며 신음합니다.

그의 밭에는 하나님의 저주가 내리니, 다시는 포도원에 갈 일
이 없을 것이다. 19 날이 가물고 무더워지면 눈 녹은 물이 증
발하는 것같이, 죄인들도 그렇게 스올로 사라질 것이다. 20 그
러면 그를 낳은 어머니도 그를 잊고, 구더기가 그를 달게 먹
는다. 아무도 그를 다시 기억하지 않는다. 악은 결국, 잘린 나
무처럼 멸망하고 마는 것이다. 21 과부를 등쳐 먹고, 자식 없
는 여인을 학대하니, 어찌 이런 일이 안 일어나겠느냐? 22 하
나님이 그분의 능력으로 강한 사람들을 휘어잡으시니, 그가
한번 일어나시면 악인들은 생명을 건질 길이 없다. 23 하나님
이 악한 자들에게 안정을 주셔서 그들을 평안하게 하여주시는
듯하지만, 하나님은 그들의 행동을 낱낱이 살피신다. 24 악인
들은 잠시 번영하다가 곧 사라지고, 풀처럼 마르고 시들며, 곡
식 이삭처럼 잘리는 법이다. 25 내가 한 말을 부인할 사람이
누구냐? 내가 한 말이 모두 진실이 아니라고 공격할 자가 누
구냐?

번영을 누리던 욥이야말로 삽시간에 풀처럼 마르고 시든 처지가 되고 말았습니다. 욥은 어쩌자고 스스로 '악인'임을 고백하는 꼴이 될 법한 소리를(23-24절) 꺼내는 걸까요? 욥을 공격하는 친구들의 논리는 모두 현재 욥에게 임한 재앙과 고통에 근거한 것입니다. 그들은 마치 욥이 아무것도 모르는 사람인 양, 하나님께서 내리신 재앙을 겪을 때는 마음을 낮추고 자신의 죄를 돌아보고 겸손히 하나님께 나아가면 하나님께서 반드시 용서하고 다시 회복시키신다고 말합니다. 그러나 욥은 하나님께서 악인을 벌하시며, 악인이 제아무리 번성해도 하나님께서 잠시 후에 그들을 심판하신다는 것을 자신도 알고 있다고 친구들에게 알리기 위해 이같이 대답한 것입니다. 친구들과 다른 점이 있다면, 현재의 재앙이 반드시 죄악의 결과인 것은 아니라고 욥이 끝까지 주장한다는 것입니다.

{ 제25장 }

빌닷의 세 번째 발언

1 수아 사람 빌닷이 대답하였다. 2 하나님께는 주권과 위엄
이 있으시다. 그분은 하늘나라에서 평화를 이루셨다. 3 그분
이 거느리시는 군대를 헤아릴 자가 누구냐? 하나님의 빛이 가
서 닿지 않는 곳이 어디에 있느냐? 4 그러니 어찌 사람이 하나
님 앞에서 의롭다고 하겠으며, 여자에게서 태어난 사람이 어
찌 깨끗하다고 하겠는가? 5 비록 달이라도 하나님에게는 밝
은 것이 아니며, 별들마저 하나님이 보시기에는 청명하지 못
하거늘, 6 하물며 구더기 같은 사람, 벌레 같은 인간이야 말할
나위가 있겠는가?

"하늘나라에서 평화를 이루셨다"(2절)는 말은 무슨 뜻입니까? 하늘나라에서 무슨 전쟁이 벌어지기라도 했다는 말입니까? 이어지는 3절에서는 하나님께서 거느리시는 군대에 대한 언급을 볼 수 있습니다. 욥기 앞부분에서는 바다 괴물을 언급하면서, 하나님께서 창조하시던 태곳적의 어떤 싸움에 대해 이야기했습니다. 지금으로부터 수천 년 전의 세계를 배경으로 한 욥기는 이처럼 고대인의 시각에서 하나님과 하나님의 행하심을 표현합니다. 그래서 하나님께서 거느리신 군대가 하나님의 명령을 따라 그에 맞서는 괴물들과 이런저런 대적 세력을 물리치고 세상을 창조하며 세상을 주관하신다는 세계관이 욥기와 구약성경에 깔려 있습니다. 구약성경 이사야서에는 하나님께서 하늘의 군대를 벌하신다는 표현도 있습니다(사 24:21). 태곳적 전쟁을 둘러싼 이러한 표현은 주 하나님께서 모든 세력과 군대를 진압하고 하나님만이 유일한 통치자로 자리하셨음을 선포합니다.

{ 제26장 }

욥의 대답

1 욥이 대답하였다. 2 나를 그렇게까지 생각하여주니, 고맙
다. 나처럼 가난하고 힘없는 자를 도와주다니! 3 너는 우둔한
나를 잘 깨우쳐주었고, 네 지혜를 내게 나누어주었다. 4 그런
데 누가, 네가 한 그런 말을 들을 것이라고 생각하느냐? 너는
누구에게 영감을 받아서 그런 말을 하는 거냐? 5 죽은 자들이
떤다. 깊은 물 밑에서 사는 자들이 두려워한다. 6 스올도 하
나님께는 훤하게 보이고, 멸망의 구덩이도 그분의 눈에는 훤
하게 보인다. 7 하나님이 북쪽 하늘을 허공에 펼쳐놓으시고,
이 땅덩이를 빈 곳에 매달아놓으셨다. 8 구름 속에 물을 채우
시고, 물이 구름 밑으로 터져 나오지 못하게 막고 계시는 분이
바로 하나님이시다. 9 하나님은 보름달을 구름 뒤에 숨기신다.
10 물 위에 수평선을 만드시고, 빛과 어둠을 나누신다. 11 그분

빌닷의 말을 들은 욥은 "알맹이 없는 그까짓 말을 누가 귓등으로나 듣겠냐?"고 비아냥대는 듯합니다. 구구절절 옳은 빌닷의 말을 그렇게 저평가하는 속내는 무엇입니까? 욥기의 어려움은 세 친구들의 말이 그 자체로는 다 옳다는 것입니다. 그러나 독자들은 욥에게 아무 잘못이 없다는 것을 잘 알고 있습니다. 그리고 놀랍게도 욥 역시 스스로의 무죄함을 굳게 붙잡고 있습니다. 그래서 세 친구들의 말은 모두 틀렸습니다. 내용이 틀렸다는 말이 아니라, 욥에게 맞지 않기 때문입니다. 마치 자기들이 모든 걸 다 아는 양, 나에게 맞지도 않는 말을 늘어놓는 사람들을 만날 때, 아마도 우리 반응이 본문의 욥처럼 비아냥일 겁니다. 요즘은 저렇게 모두 다 아는 것처럼 남을 가르치려 드는 이들을 '꼰대'라고 부릅니다. 나이 어린 사람을, 여성을, 환난에 빠진 사람을 가르치려는 이들은 언제나 욥을 잊지 말아야 할 것입니다.

께서 꾸짖으시면, 하늘을 떠받치는 기둥이 흔들린다. 12 능력
으로 '바다'를 정복하시며, 지혜로 라합을 쳐부순다. 13 그분
의 콧김에 하늘이 맑게 개며, 그분의 손은 도망치는 바다 괴
물을 찔러 죽인다. 14 그러나 이런 것들은, 그분이 하시는 일
의 일부에 지나지 않고, 우리가 그분에게서 듣는 것도 가냘픈
속삭임에 지나지 않는다. 하물며 그분의 권능에 찬 우레 소리
를 누가 이해할 수 있겠느냐!

6-14절은 워낙 광대하고 초월적인 설명이어서 그림이 쉬 그려지지 않습니다. 하나님의 전능함을 이야기하는 판타지 소설의 화법으로 이해하면 될까요? 그럴 수 있습니다. 욥기는 현대의 우리를 위해 기록된 글이 아니라, 지금으로부터 수천 년 전의 사람을 대상으로 한 글이기에, 수천 년 전의 세계관과 우주관을 전제로 합니다. 이 단락이 말하고 싶은 것은 하늘과 땅, 온 세상을 지으시고 운영하시는 하나님, 그분에게 맞선 모든 괴물을 물리치시는 하나님의 전능과 위엄입니다. 그리고 하나님에 대한 이런 이해조차 그분에 대한 이해의 겨우 한 조각일 뿐입니다. 그래서 이 단락의 궁극적인 의도는 사람이 하나님을 다 알고 이해하지 못한다는 것입니다. 욥은 자기를 찾아와 위로한답시고 훈계와 충고를 일삼는 이들을 향해, 우리가 하나님을 다 알 수 없다고 강력하게 말하고 있습니다. 그렇기에 욥에게 임한 재앙 역시 왜 그런 일이 생긴 것인지 알기 어려운데도, 마치 친구들은 전부 다 아는 것처럼 충고를 일삼고 있습니다.

{ 제27장 }

세 친구에 대한 욥의 대답

1 욥이 비유로 말하였다. 2 내가 살아계신 하나님 앞에서 맹세
한다. 그분께서 나를 공정한 판결을 받지 못하게 하시며, 전능
하신 분께서 나를 몹시 괴롭게 하신다. 3 내게 호흡이 남아 있
는 동안은, 하나님이 내 코에 불어넣으신 숨결이 내 코에 남
아 있는 한, 4 내가 입술로 결코 악한 말을 하지 않으며, 내가
혀로 거짓말을 하지 않겠다. 5 나는 결코 너희가 옳다고 말할
수 없다. 나는 죽기까지 내 결백을 주장하겠다. 6 내가 의롭다
고 주장하면서 끝까지 굽히지 않아도, 내 평생에 양심에 꺼림
칙한 날은 없을 것이다. 7 내 원수들은 악한 자가 받는 대가를
받아라. 나를 대적하는 자는 악인이 받을 벌을 받아라. 8 하나
님이 경건하지 않은 자의 생명을 끊고, 그의 영혼을 불러가실
때에, 그의 희망이란 과연 무엇이겠느냐? 9 환난이 그에게 닥
칠 때에, 하나님이 그의 부르짖음을 들어주시겠느냐? 10 그들

비유로 말한다는데(1절), 아무리 봐도 비유를 못 찾겠습니다. 비유가 어디 있는 건가요? '비유'로 번역된 단어는 구약성경 잠언에서는 제목을 비롯해 여러 군데에서 '잠언'으로 번역되기도 했습니다. 욥기 29장 1절에도 같은 표현이 쓰였는데, 이 두 곳에 쓰인 '비유로 말하다'라는 표현은 구약성경 민수기 23–24장에서 발람이 말하는 장면에 빈번히 사용되기도 했습니다(민 23:7, 18; 24:3, 15, 20, 21, 23). 구약성경의 이사야서, 미가서, 하박국서 같은 예언서에서도 쓰였습니다(사 14:4; 미 2:4; 합 2:6). 이 표현이 쓰인 여러 곳을 봐도 정확하게 어떤 양식을 가리키는지 알기 어렵지만, 말하고자 하는 바를 짧고 간결한 말로 강렬하게 드러내는 경우와 연관된다고 볼 수 있습니다.

은 전능하신 분께서 주시는 기쁨을 사모했어야 했고 그분께
기도했어야 했다. 11 날더러도 하나님의 응답이 얼마나 큰지
가르치라고 해보아라. 전능하신 분께서 계획하신 바를 설명하
라고 해보아라. 12 그러나 그만두겠다. 이런 일은 너희도 이미
알고 있는 것이 아니냐? 그런데 너희는, 어찌하여 그처럼 터
무니없는 말을 하느냐? 13 하나님이 악한 자에게 주시는 벌이
무엇인지, 전능하신 분께서 폭력을 행하는 자에게 주시는 벌
이 무엇인지 아느냐? 14 비록 자손이 많다 해도, 모두 전쟁에
서 죽고 말 것이다. 그 자손에게는 배불리 먹을 것이 없을 것
이다. 15 살아남은 사람은 또 염병으로 죽어 매장되니, 살아남
은 과부들은 기가 막혀서 울지도 못할 것이다. 16 돈을 셀 수
도 없이 긁어모으고, 옷을 산더미처럼 쌓아놓아도, 17 엉뚱하
게도 의로운 사람이 그 옷을 입으며, 정직한 사람이 그 돈더미
를 차지할 것이다. 18 악한 자들이 지은 집은 거미집과 같고
밭을 지키는 일꾼의 움막과 같다. 19 부자가 되어서 잠자리에
들지만, 그것으로 마지막이다. 다음 날에 눈을 떠보면, 이미

욥은 친구들도 하나님의 응답과 계획을 알고 있다고 인정하지만, 동시에 터무니없는 말을 한다고 지적합니다(12절). 욥이 무슨 말을 하는지 모르겠습니다. 27장은 이해가 쉽지 않습니다. 예를 들어 세 친구들이 돌아가면서 말하는데, 소발의 세 번째 발언은 없습니다. 그리고 8-23절의 전반적인 내용은 '악인의 종말'에 대한 것으로, 욥보다는 세 친구들이 주로 언급하던 내용이고, 특히 소발의 두 번째 발언에도 이런 내용이 있습니다(20:4-29). 그래서 일부 학자들은 8절 이하를 소발의 세 번째 발언으로 보기도 합니다. 현재 우리가 지닌 성경 본문대로 8절 이하를 욥의 말로 본다면, 욥이 친구들을 향해 그들이 줄기차게 말하는 '악인의 종말'에 대해 자신 역시 충분히 알고 있다고 대답하는 것으로 이해할 수 있습니다. 그러나 악인의 종말이 그렇다 하더라도 그것으로 욥이 현재 겪는 고난을 설명할 순 없습니다. 그렇기에 욥은 친구들을 향해 더 이상 말하지 않겠다고 합니다.

알거지가 되어 있다. 20 두려움이 홍수처럼 그들에게 들이닥
치며, 폭풍이 밤중에 그들을 쓸어갈 것이다. 21 동풍이 불어와
서 그들을 그 살던 집에서 쓸어갈 것이다. 22 도망치려고 안간
힘을 써도, 동쪽에서 오는 폭풍이 사정없이 불어닥쳐서, 그들
을 날려버릴 것이다. 23 도망가는 동안에 폭풍이 불어닥쳐서,
무서운 파괴력으로 그들을 공포에 떨게 할 것이다.

{ 제28장 }

지혜를 찬양하다

1 은을 캐는 광산이 있고, 금을 정련하는 제련소도 있다. 2 철
은 흙에서 캐어내며, 구리는 광석을 녹여서 얻는다. 3 광부들
은 땅속을 깊이 파고 들어가서, 땅속이 아무리 캄캄해도 그 캄
캄한 구석구석에서 광석을 캐어낸다. 4 사람이 사는 곳에서
멀리 떨어진 곳, 사람의 발이 가닿지 않는 곳에, 사람들은 갱
도를 판다. 줄을 타고 매달려서 외롭게 일을 한다. 5 땅 위에
서는 먹거리가 자라지만, 땅속은 같은 땅인데도 용암으로 들
끓고 있다. 6 바위에는 사파이어가 있고, 돌가루에는 금이 섞
여 있다. 7 솔개도 거기에 이르는 길을 알지 못하고, 매의 날
카로운 눈도 그 길을 찾지 못한다. 8 겁 없는 맹수도 거기에
발을 들여놓은 일이 없고, 무서운 사자도 그곳을 밟아본 적이
없다. 9 사람은 굳은 바위를 깨고, 산을 그 밑뿌리까지 파들어

욥과 친구들의 대화에 맥락이 없습니다. 욥은 왜 갑자기 지혜를 찬양하기 시작하는 걸까요? 28장은 누구의 말인지 소개되어 있지 않습니다. 이 장의 내용은 "지혜와 슬기가 어디에서 오는지 사람이 알아낼 수 없고, 금과 보석으로 구입할 수도 없으며, 세상 어디에도 없되 오직 하나님만이 아신다. 하나님은 지혜로 온 천지를 지으시고 운행하신다. 그래서 주 하나님을 경외하는 것이 지혜요, 악을 떠나는 것이 슬기다"라고 요약할 수 있습니다. 이 말은 이제까지 친구들이나 욥이 한 말과 심하게 충돌되는 내용은 아니지만, 논쟁하던 당사자들이 갑작스레 이 같은 말을 한다는 것은 생뚱맞습니다. 어쩌면 이 논쟁을 듣고 있던 다른 사람, 즉 욥이 겪은 재난의 또 다른 당사자인 욥의 아내가 한 말일 수도 있습니다. 또 다른 시각으로는, 욥기를 최종 편집한 편집자가 욥과 친구들의 논쟁을 마무리 지으면서 이와 같은 내용을 삽입한 것일 수도 있습니다.

간다. 10 바위에 굴을 뚫어서, 각종 진귀한 보물을 찾아낸다.
11 강의 근원을 찾아내고, 땅에 감추어진 온갖 보화를 들추어
낸다. 12 그러나 지혜는 어디에서 얻으며, 슬기가 있는 곳은
어디인가? 13 지혜는 사람에게서 발견되는 것이 아니다. 사람
은 어느 누구도 지혜의 참 가치를 알지 못한다. 14 깊은 바다
도 "나는 지혜를 감추어놓지 않았다" 하고 말한다. 넓은 바다
도 "나는 지혜를 감추어놓지 않았다" 하고 말한다. 15 지혜는
금을 주고 살 수 없고, 은으로도 그 값을 치를 수 없다. 16 지
혜는 오빌의 금이나 값진 루비나 사파이어로도 그 값을 치를
수 없다. 17 지혜는 금보다 값진 것, 금잔이나 값진 유리잔보
다 더 값진 것이다. 18 지혜의 값은 산호보다, 수정보다 비싸
다. 지혜를 얻는 것은 진주를 가진 것보다 값지다. 19 에티오
피아의 토파즈로도 지혜와 비교할 수 없고, 정금으로도 지혜
의 값을 치를 수 없다. 20 그렇다면 지혜는 어디에서 오며, 슬
기가 있는 곳은 어디인가? 21 모든 생물의 눈에 숨겨져 있고,

지혜에 이르는 길은 오로지 하나님만 안다는(23절) 욥의 말은 절망적입니다. 결코 닿을 수도, 얻을 수도 없는 지혜가 인간에게 무슨 소용입니까? 사람은 땅 속에서 은과 금, 철과 구리, 그리고 여러 귀금속이 있는 곳을 찾아낼 수 있습니다. 이런 일은 솔개와 매, 용맹스러운 짐승, 사나운 사자는 못하는 일이되 사람은 할 수 있습니다. 그런 사람일지라도 지혜가 있는 곳은 찾아낼 수 없습니다. 지혜는 깊은 땅 속 어딘가에 있는 것이 아니기 때문입니다. 땅 속에서 찾아낸 무수한 귀금속이 있다 할지라도 지혜는 돈으로 살 수 있는 것이 아닙니다. 만일 지혜가 땅 속에 있어서 사람이 찾아낼 수 있다면, 또는 지혜가 돈으로 살 수 있는 것이라면, 결국 지혜는 힘 있고 부유한 이들의 소유가 되고 말 것입니다. 하나님만이 지혜의 길을 아신다는 말은 지혜가 사람이 지닌 그 어떤 힘이나 능력으로 얻을 수 있는 것이 아님을 의미합니다. 그래서 하나님만이 아시는 지혜는 능력이나 부귀와 상관없이 모든 사람을 동등하고 평등한 존재로 만듭니다.

공중의 새에게도 감추어져 있다. 22 멸망의 구덩이와 죽음도
지혜를 두고 이르기를 "지혜라는 것이 있다는 말은 다만 소문
으로만 들었을 뿐이다" 하고 말한다. 23 그러나 하나님은, 지
혜가 있는 곳에 이르는 길을 아신다. 그분만이 지혜가 있는 곳
을 아신다. 24 오직 그분만이 땅끝까지 살피실 수 있으며, 하
늘 아래에 있는 모든 것을 보실 수 있다. 25 그분께서 저울로
바람의 강약을 달아보시던 그때에, 물의 분량을 달아보시던
그때에, 26 비가 내리는 규칙을 세우시던 그때에, 천둥 번개
가 치는 길을 정하시던 그때에, 27 바로 그때에 그분께서, 지
혜를 보시고, 지혜를 칭찬하시고, 지혜를 튼튼하게 세우시고,
지혜를 시험해보셨다. 28 그런 다음에, 하나님은 사람에게 말
씀하셨다. "주님을 경외하는 것이 지혜요, 악을 멀리하는 것이
슬기다."

"주님을 경외하고 악을 멀리하는"(28절) 것이 어떻게 부조리한 현실을 이해하는 실마리가 될 수 있습니까? 이 땅 어딘가에 숨겨져 있지 않으며 금은보석으로도 구입할 수 없는 지혜가 있는 곳은 오직 하나님만이 아십니다. 그리고 그 하나님께서는 지혜와 슬기를 얻는 길이 바로 주님을 경외하고 악을 멀리하는 것이라 말씀하십니다. 그렇기에 재산이나 능력과 상관없이 누구라도 지혜와 슬기를 얻을 수 있습니다. 주님을 경외한다는 것은 사람과는 다른 하나님, 온 천지를 만들고 주관하시는 하나님을 인정하는 것입니다. 내 삶을 주관하시는 하나님을 인정하는 것입니다. 이렇게 하나님을 경외하는 이가 일상에서 할 수 있는 일은 '악을 멀리하는 것'입니다. 욥기가 말하는 '악'은 가난하고 약한 이들을 짓밟고 약탈하는 짓입니다. 부조리한 현실에서 우리는 우리가 할 수 있는 한 걸음을 걸어갑니다. 그것이 내 한계와 능력, 이해를 넘어서시는 하나님을 인정하는 것, 그리고 일상에서 약자를 괴롭히지 않고 함께 살아가는 것입니다.

{ 제29장 }

욥의 마지막 발언

1 욥이 다시 비유를 써서 말을 하였다. 2 지나간 세월로 되돌
아갈 수만 있으면, 하나님이 보호해주시던 그 지나간 날로 되
돌아갈 수 있으면 좋으련만! 3 그때에는 하나님이 그 등불로
내 머리 위를 비추어주셨고, 빛으로 인도해주시는 대로, 내
가 어둠 속을 활보하지 않았던가? 4 내가 그처럼 잘 살던 그
시절로 다시 돌아가서 살 수 있으면 좋으련만! 내 집에서 하
나님과 친밀하게 사귀던 그 시절로 되돌아갈 수 있으면 좋으
련만! 5 그때에는 전능하신 분께서 나와 함께 계시고, 내 자
녀들도 나와 함께 있었건만. 6 젖소와 양들이 젖을 많이 내어
서, 내 발이 젖으로 흠뻑 젖었건만. 돌짝밭에서 자란 올리브나
무에서는, 올리브기름이 강물처럼 흘러나왔건만. 7 그때에는
내가 성문 회관에 나가거나 광장에 자리를 잡고 앉으면, 8 젊

하나님과 친밀하게 사귄다는(4절) 건 무슨 뜻입니까? 사귄다는 표현은 일반적으로 대등한 관계에서 쓰지 않던가요? 여기서는 히브리말로 '하나님의 회의'로 옮길 수 있는 표현이 쓰였습니다. 많은 번역 성경들이 이를 '하나님의 우정' 혹은 '하나님의 사귐'으로 옮겼고, 새번역성경도 이에 해당합니다. "하나님의 회의가 내 장막 위에 있었다"로 직역할 수 있으니, "하나님께서 내 장막을 보호하셨다"로 이해할 수도 있고, 하나님께서 나의 장막에서 회의를 여신 것이니 하나님과의 친밀하고 깊은 사귐을 표현한 것으로 이해할 수도 있습니다. 특히 2절에서 하나님의 보호하심에 대해 이야기한 뒤 하나님의 등불과 하나님의 '회의'가 연달아 언급되었으니, 하나님의 보호하심이라는 기본적인 주제를 4절에서 다룬다고 볼 수 있습니다. 그만큼 이전에는 욥이 하나님의 보호를 밀접하게 느꼈다고 이해할 수 있습니다.

은이들은 나를 보고 비켜서고, 노인들은 일어나서 내게 인사
하였건만. 9 원로들도 하던 말을 멈추고 손으로 입을 가렸으
며, 10 귀족들도 혀가 입천장에 달라붙기나 한 것처럼 말소리
를 죽였건만. 11 내 소문을 들은 사람들은 내가 한 일을 칭찬
하고, 나를 직접 본 사람들은 내가 한 일을 기꺼이 자랑하고
다녔다. 12 내게 도움을 청한 가난한 사람들을 내가 어떻게 구
해주었는지, 의지할 데가 없는 고아를 내가 어떻게 잘 보살펴
주었는지를 자랑하고 다녔다. 13 비참하게 죽어가는 사람들
도, 내가 베푼 자선을 기억하고 나를 축복해주었다. 과부들의
마음도 즐겁게 해주었다. 14 나는 늘 정의를 실천하고, 매사를
공평하게 처리하였다. 15 나는 앞을 못 보는 이에게는 눈이 되
어주고, 발을 저는 이에게는 발이 되어주었다. 16 궁핍한 사람
들에게는 아버지가 되어주고, 알지도 못하는 사람들의 하소연
도 살펴보고서 처리해주었다. 17 악을 행하는 자들의 턱뼈를
으스러뜨리고, 그들에게 희생당하는 사람들을 빼내어주었다.
18 그래서 나는 늘 '나는 죽을 때까지 이렇게 건장하게 살 것

욥은 의로움을 이야기할 때, 사회적인 용어인 '정의'와 '공평'을 빠트리지 않습니다 (14절). 하나님을 따르려면 혼자 착하게 사는 것 이상의 노력이 필요하다는 뜻일까요? 욥의 말뿐 아니라, 욥의 세 친구 역시 올바른 삶의 표준으로 정의와 공평, 가난하고 약한 자를 환대하고 돕고 섬기는 것을 줄기차게 언급합니다. 사실 '착하다'는 말은 둘 이상의 관계에서 성립되는 개념이지, 혼자 산다면 '착하다'는 말이 무의미할 것입니다. 그래서 '착하게 산다'는 말에는 반드시 이웃과의 올바른 관계가 전제되어 있습니다. 이때 힘 있고 부유한 이웃을 잘 대하는 것은 누구라도 할 수 있는 일인 반면, 가난하고 어려운 이웃을 환대하는 일은 쉽지 않습니다. 그렇기에 착한 삶, 올바른 삶은 가난한 이웃을 올바르게 대하는 '정의로운 삶'으로 표현될 수밖에 없을 것입니다.

이다. 소털처럼 많은 나날 불사조처럼 오래 살 것이다. 19 나
는, 뿌리가 물가로 뻗은 나무와 같고, 이슬을 머금은 나무와
같다. 20 사람마다 늘 나를 칭찬하고, 내 정력은 쇠하지 않을
것이다' 하고 생각하였건만. 21 사람들은 기대를 가지고 내 말
을 듣고, 내 의견을 들으려고 잠잠히 기다렸다. 22 내가 말을
마치면 다시 뒷말이 없고, 내 말은 그들 위에 이슬처럼 젖어
들었다. 23 사람들은 내 말을 기다리기를 단비를 기다리듯 하
고, 농부가 봄비를 기뻐하듯이 내 말을 받아들였다. 24 내가
미소를 지으면 그들은 새로운 확신을 얻고, 내가 웃는 얼굴을
하면 그들은 새로운 용기를 얻었다. 25 나는 마치 군대를 거느
린 왕처럼, 슬퍼하는 사람을 위로해주는 사람처럼, 사람들을
돌보고, 그들이 갈 길을 정해주곤 하였건만.

욥은 자기 말에 권위가 있었음을 주장하면서 왜 이슬에 빗대는 걸까요?(21-22절)
이슬은 흔히 잠시 맺혔다가 금방 말라버리는 하찮은 존재를 가리키잖아요. 성경에 '이슬'이 비유로 쓰일 때는 두 가지 의미를 지닙니다. 만물을 금방 촉촉하게 적셨다가 곧 말라버린다는 점에서 '오래가지 못함', '덧없음', 그래서 '쓸모없음'을 의미하는 용례들이 있습니다. 이스라엘은 다른 사람을 돕고 섬기는 '인자함'이 그야말로 덧없어서 이슬과 같았고(호 6:4), 그래서 하나님께서는 그들을 이슬처럼 속히 사라지게 하실 것입니다(호 13:3). 또 한편 이슬은 비처럼 만물에 내려 만물을 새롭게 하고 풍성한 결실을 맺게 하는 수단에 비유되기도 합니다. 그래서 하나님의 교훈은 비와 이슬에 비유됩니다(신 32:2). 하나님께서 주시는 영원한 삶이 이슬에 비유되기도 합니다(시 133:3). 주님을 경외하는 청년은 새벽 이슬에 비유되기도 합니다(시 110:3). 이처럼 '이슬'은 문맥에 따라 꽤 다른 의미를 함축합니다.

{ 제30장 }

1 그런데 이제는 나보다 어린 것들까지 나를 조롱하는구나.
내 양 떼를 지키는 개들 축에도 끼지 못하는 쓸모가 없는 자들
의 자식들까지 나를 조롱한다. 2 젊어서 손에 힘이 있을 듯하
지만, 기력이 쇠하여서 쓸모가 없는 자들이다. 3 그들은 가난
과 굶주림에 허덕여서 몰골이 흉하며, 메마른 땅과 황무지에
서 풀뿌리나 씹으며, 4 덤불 속에서 자란 쓴 나물을 캐어 먹으
며, 대싸리 뿌리로 끼니를 삼는 자들이다. 5 그들은 사람 축에
끼지 못하여 동네에서 쫓겨나고, 사람들이 마치 도둑을 쫓듯
이 그들에게 "도둑이야!" 하고 소리를 질러 쫓아버리곤 하였
다. 6 그들은, 급류에 패여 벼랑진 골짜기에서 지내고, 땅굴이
나 동굴에서 살고, 7 짐승처럼 덤불 속에서 움츠리고 있거나,
가시나무 밑에 몰려서 웅크리고 있으니, 8 그들은 어리석은
자의 자식들로서, 이름도 없는 자의 자식들로서, 회초리를 맞
고 제 고장에서 쫓겨난 자들이다. 9 그런데 그런 자들이 이제

욥이 과연 선하고 의롭게 살아왔는지 의심스럽습니다. 그렇다면 어떻게 욥을 마주치는 이들이 서슴지 않고 침을 뱉으며(10절) 경멸할 수가 있습니까? 자신이 받은 도움을 기억하고 은혜를 갚는 사람도 있지만, 자신보다 더 참혹한 처지에 놓인 이들을 짓밟고 학대하며 무시하는 이들도 많습니다. 강자에게는 약하고 약자에게는 강한 것이 어쩌면 인간의 본성이니까요. 아마도 욥의 친구들처럼 다른 이들 또한 욥이 저토록 낭패를 당한 까닭은 욥이 하나님께 큰 죄를 저질러 벌을 받은 것이라 여겼을 겁니다. 사람들은 결과를 보고 모든 것을 판단하기 쉬우니까요. 또 욥이 당한 처지가 원체 처참하며 모든 것이 사라지고 끝장난 상황인지라, 사람들은 욥을 보고 속된 말로 재수 없다고 생각했을 수 있고, 저런 사람을 가까이 하면 자신에게 불행과 불운이 옮겨 붙으리라 생각했을 수도 있습니다. 이런 온갖 이유로 사람들은 욥과 같이 곤경에 처한 이들을 비웃고 조롱하며 멸시하고 침을 뱉습니다.

는 돌아와서 나를 비웃는다. 내가 그들의 말거리가 되어버렸
다. 10 그들은 나를 꺼려 멀리하며 마주치기라도 하면 서슴지
않고 침을 뱉는다. 11 하나님이 내 활시위를 풀어버리시고, 나
를 이렇게 무기력하게 하시니, 그들이 고삐 풀린 말처럼 내 앞
에서 날뛴다. 12 이 천한 무리들이 내 오른쪽에서 나와 겨루려
고 들고 일어나며, 나를 잡으려고 내가 걷는 길에 덫을 놓고,
나를 파멸시키려고 포위망을 좁히고 있다. 13 그들은 내가 도
망가는 길마저 막아버렸다. 그들이 나를 파멸시키려고 하는데
도, 그들을 막을 사람이 아무도 없다. 14 그들이 성벽을 뚫고,
그 뚫린 틈으로 물밀듯 들어와서, 성난 파도처럼 내게 달려드
니, 15 나는 두려워서 벌벌 떨고, 내 위엄은 간곳없이 사라지
고, 구원의 희망은 뜬구름이 사라지듯 없어졌다. 16 나는 이제
기력이 쇠하여서, 죽을 지경에 이르렀다. 지금까지 나는 괴로
운 나날들에 사로잡혀서, 편하게 쉬지 못하였다. 17 밤에는 뼈
가 쑤시고, 뼈를 깎는 아픔이 그치지 않는다. 18 하나님이 그
거센 힘으로 내 옷을 거세게 잡아당기셔서, 나를 옷깃처럼 휘
어 감으신다. 19 하나님이 나를 진흙 속에 던지시니, 내가 진

하나님이 "옷깃처럼 휘어 감으신다"(18절)는 욥의 탄식은 어떤 상황을 이르는 말입니까? 16절부터 욥의 고통을 표현하되, 18절에는 큰 능력으로 행하시는 하나님이 등장합니다. 욥은 자신의 삶에 임하는 고통을 하나님께서 행하시는 일로 표현합니다(18-22절). 하나님께서 그를 진흙 가운데 던지시고, 그의 기도에 응답하지 않으시며, 그에게 잔인하셔서 바람과 태풍에 완전히 휘날리게 하십니다. 이런 맥락 속에 18절이 있습니다. 이 구절은 해석이 까다로운데, '거센 힘'과 '옷'이라는 표현을 근거로, 하나님께서 욥의 옷을 바꾸셔서 마치 옷처럼 욥을 감싸셨음을 말하는 내용으로 볼 수 있습니다. 욥의 몸을 두른 옷처럼, 하나님께서 완전하게 욥을 휘감으시니 욥의 모든 것을 완전히 통제하십니다. 그래서 하나님께서는 그를 진흙에 던지기도 하고, 바람에 날리게도 하십니다.

흙이나 쓰레기보다 나을 것이 없다. 20 주님, 내가 주님께 부
르짖어도, 주님께서는 내게 응답하지 않으십니다. 내가 주님
께 기도해도, 주님께서는 들은 체도 않으십니다. 21 주님께서
는 내게 너무 잔인하십니다. 힘이 세신 주님께서, 힘이 없는
나를 핍박하십니다. 22 나를 들어 올려서 바람에 날리게 하시
며, 태풍에 휩쓸려서 흔적도 없이 사라지게 하십니다. 23 나
는 잘 알고 있습니다. 주님께서는 나를 죽음으로 몰아넣고 계
십니다. 끝내 나를 살아 있는 모든 사람들이 다 함께 만나는
그 죽음의 집으로 돌아가게 하십니다. 24 주님께서는 어찌하
여 망할 수밖에 없는 연약한 이 몸을 치십니까? 기껏 하나님
의 자비나 빌어야 하는 것밖에는 아무것도 할 수 없는 보잘것
없는 이 몸을, 어찌하여 그렇게 세게 치십니까? 25 고난받는
사람을 보면, 함께 울었다. 궁핍한 사람을 보면, 나도 함께 마
음 아파하였다. 26 내가 바라던 행복은 오지 않고 화가 들이
닥쳤구나. 빛을 바랐더니 어둠이 밀어닥쳤다. 27 근심과 고통

하나님을 원망하던 욥이 돌연히 지난날 궁핍한 이들에게 베풀었던 은혜 이야기를 (25절) 꺼내드는 속내는 무엇입니까? 하나님 앞에서 올바른 삶이란 가난하고 약한 이들을 돕고 환대하는 것임을, 욥과 욥의 친구들 모두가 당연하게 받아들이고 있습니다. 이미 욥은 마지막 독백을 시작하는 29장에서도 자신이 어떻게 가난한 이들의 이웃이 되었는지 길게 서술했습니다. 이를 통해 자신이 아무런 죄를 저지르지 않았음을 주장합니다. 30장에서도 하나님께서 자신에게 잔인하셔서 흔적도 없이 사라지게 하심을 토로하면서, 자신이 고난받는 이와 함께 울었고 궁핍한 이와 함께 아파했음을 말합니다. 이렇게 가난하고 어려운 이와 함께 슬퍼하고 울며 살아왔는데, 왜 하나님께서 자신을 이토록 괴롭게 하시며 핍박하시는지 욥은 너무 고통스럽습니다. 욥의 괴로움, 당혹스러움, 어찌 할 바를 알지 못하는 고통이 자신의 지난날을 다시금 기억나게 했을 것입니다. 욥은 하나님께서 인과응보를 넘어서시는 분임을 분명히 알고 있지만, 정작 자신에게 닥친 화로 인해 너무나도 괴롭습니다.

으로 마음이 갈기갈기 찢어지고, 하루도 고통스럽지 않은 날이 없이 지금까지 살아왔다. 28 햇빛도 비치지 않는 그늘진 곳으로만 침울하게 돌아다니다가, 사람들이 모여 있는 곳에 이르면 도와달라고 애걸이나 하는 신세가 되고 말았다. 29 나는 이제 이리의 형제가 되고, 타조의 친구가 되어버렸는가? 내가 내 목소리를 들어보아도, 내 목소리는 구슬프고 외롭다. 30 살갗은 검게 타서 벗겨지고, 뼈는 열을 받아서 타버렸다. 31 수금 소리는 통곡으로 바뀌고, 피리 소리는 애곡으로 바뀌었다.

{ 제31장 }

1 젊은 여인을 음탕한 눈으로 바라보지 않겠다고 나 스스로
엄격하게 다짐하였다. 2 여자나 유혹하고 다니면, 위에 계신
하나님이 내게 주실 몫이 무엇이겠으며, 높은 곳에 계신 전능
하신 분께서 내게 주실 유산은 무엇이겠는가? 3 불의한 자에
게는 불행이 미치고, 악한 일을 하는 자에게는 재앙이 닥치
는 법이 아닌가? 4 하나님은 내가 하는 일을 낱낱이 알고 계
신다. 내 모든 발걸음을 하나하나 세고 계신다. 5 나는 맹세할
수 있다. 여태까지 나는 악한 일을 하지 않았다. 다른 사람을
속이려고도 하지 않았다. 6 하나님이 내 정직함을 공평한 저
울로 달아보신다면, 내게 흠이 없음을 아실 것이다. 7 내가 그
릇된 길로 갔거나, 나 스스로 악에 이끌리어 따라갔거나, 내
손에 죄를 지은 흔적이라도 있다면, 8 내가 심은 것을 다른 사

욥은 자신에게는 도덕적, 신앙적, 법적, 심리적 흠결이 전혀 없다고 주장합니다. 기독교 신앙이 요구하는 삶의 수준이 이 정도라면, 아예 발도 들이지 말아야겠습니다. 33절에서 욥은 자신이 다른 이들과는 달리 자신의 죄를 감추지 않았다고 표현합니다. 이 말은 욥 역시 죄를 지은 적도 있지만, 하나님 앞에서 감추지 않았고 곧바로 뉘우치고 돌이켰음을 의미합니다. 즉 욥은 죄를 하나도 안 지은 사람이 아니라, 하나님 앞에서 죄를 감추지 않은 사람입니다. 또한 욥은 하나님께서 그 백성에게 찾으시는 대로, 가난한 자를 돌아보고 나그네를 환대했으며, 다른 이를 힘으로 억압하지 않았고, 하나님 아닌 다른 것을 경배하지 않았으며, 돈을 의지하지 않았다고 고백합니다. 이렇게 온전하게 살아가는 사람이 있으리라 생각하기는 쉽지 않지만, 욥기 1–2장과 29–31장은 욥의 온전함과 무죄함을 증언합니다. 욥기는 어떻게 살아야 하는가를 이 같은 본문을 통해 독자와 청중에게 알리면서, 이렇게 살아가는 이에게도 말로 다 할 수 없는 고난과 괴로움이 임하기도 한다는 것을 가르칩니다. 그리고 그럴 때 자신이나 다른 이를 결코 정죄하지 말고, 스스로의 자존감을 끝까지 지키라고 권고합니다.

람이 거두어 먹어도, 내가 지은 농사가 망하더라도, 나는 할
말이 없을 것이다. 9 남의 아내를 탐내서, 그 집 문 근처에 숨
어 있으면서 그 여인을 범할 기회를 노렸다면, 10 내 아내가
다른 남자의 노예가 되거나, 다른 남자의 품에 안긴다 해도,
나는 할 말이 없을 것이다. 11 남의 아내를 범하는 것은, 사형
선고를 받아야 마땅한 범죄다. 12 그것은 사람을 파멸시키는
불, 사람이 애써서 모은 재산을 다 태우는 불이다. 13 내 남종
이나 여종이 내게 탄원을 하여올 때마다, 나는 그들이 하는 말
에 귀를 기울이고, 공평하게 처리하였다. 14 그렇게 하지 않았
더라면, 내가 무슨 낯으로 하나님을 뵈며, 하나님이 나를 심판
하러 오실 때에, 내가 무슨 말로 변명하겠는가? 15 나를 창조
하신 바로 그 하나님이 내 종들도 창조하셨다. 16 가난한 사람
들이 도와달라고 할 때에, 나는 거절한 일이 없다. 앞길이 막
막한 과부를 못 본 체한 일도 없다. 17 나는 배부르게 먹으면
서 고아를 굶긴 일도 없다. 18 일찍부터 나는 고아를 내 아이

욥은 노예제도를 인정하면서 그 안에서 공평하게 대하라고 말하는 것 같은데(13–15절), 이는 모순적인 태도가 아닌가요? 19세기에 이르러서야 노예제도가 완전하게 부당하며 불합리하고 비인간적인 제도라는 인식이 온 인류에 확산되었습니다. 욥기를 비롯한 구약성경의 배경은 지금으로부터 2000–3000년 전이니, '노예제도의 부당함'에 대해 폭넓은 이해를 찾을 수는 없습니다. 그렇지만 놀랍게도 15절은 "나를 창조하신 하나님은 내 종들도 창조하셨다"고 표현합니다. 하나님께서 세상 모든 것을 지으셨고, 모든 사람 즉 노예의 주인과 노예까지 창조하셨으니, 주인과 종은 근본적으로 동등한 존재라는 의미입니다! 그래서 '창조주 하나님'에 대한 신앙은 본질적으로 모든 인간은 평등하다는 주장의 가장 핵심 근거입니다. 비록 노예제도 자체에 대한 숙고는 시대의 변화에 따라 아주 훗날에야 보편적 이해가 되지만, 이미 욥기는 본질적으로 모든 인간이 평등함을 주장합니다. 그래서 욥은 자신의 시대 안에서 할 수 있는 대로, 종들의 탄원을 차별 없이 '공평하게 처리'했습니다.

처럼 길렀으며, 철이 나서는 줄곧 과부들을 돌보았다. 19 너무
나도 가난하여 옷도 걸치지 못하고 죽어가는 사람이나, 덮고
잘 것이 없는 가난한 사람을 볼 때마다, 20 내가 기른 양 털을
깎아서, 그것으로 옷을 만들어 그들에게 입혔다. 시린 허리를
따뜻하게 해주었더니, 그들이 나를 진심으로 축복하곤 하였
다. 21 내가 재판에서 이길 것이라고 생각하고, 고아를 속이기
라도 하였더라면, 22 내 팔이 부러져도 할 말이 없다. 내 팔이
어깻죽지에서 빠져나와도 할 말이 없다. 23 하나님이 내리시
는 심판이 얼마나 무서운지를 잘 알고 있었으므로, 나는 차마
그런 파렴치한 짓은 할 수 없었다. 24 나는 황금을 믿지도 않
고, 정금을 의지하지도 않았다. 25 내가 재산이 많다고 하여
자랑하지도 않고, 벌어들인 것이 많다고 하여 기뻐하지도 않
았다. 26 해가 찬란한 빛을 낸다고 하여, 해를 섬기지도 않고,
달이 밝고 아름답다고 하여, 달을 섬기지도 않았다. 27 해와
달을 보고, 그 장엄함과 아름다움에 반하여 그것에다가 절을

욥이 말하는 선행의 배경에는 심판에 대한 공포가 깔려 있습니다(23절). 겁에 질려 눈치를 보면서 착하게 사는 삶이라니, 어쩐지 개운치 않습니다. '두려움'은 우리가 생각하는 것보다 훨씬 좋은 기능을 합니다. "하나님을 경외한다"라는 그럴싸한 우리말이 있지만, '경외하다'로 번역되는 히브리말의 의미는 그저 '두려워하다, 무서워하다'입니다. '하나님 경외'는 그럴싸하게 우리의 종교적 감정을 포장하지만, 그 알맹이는 '하나님에 대한 두려움/무서움'입니다. 옛말에도 다른 이를 해치고 억압하는 이들을 "하늘 무서운 줄 모르는 놈들"이라고 하지 않습니까? 법 무서운 줄 모르면 남의 것을 훔치거나 빼앗는 것이 점점 당연해지듯이, 하나님을 무서워하지 않을 때 우리는 내가 원하는 돈과 권력, 명예를 위해 서슴없이 다른 이를 차별하고 약자를 괴롭힐 수 있습니다. 하나님의 심판을 두려워하기에, 고아의 보호자요 과부를 도우시는 하나님을 무서워하게 되고, 약자와 가난한 이들에게 함부로 할 수 없게 됩니다.

하는 사람들이 있다. 해와 달을 경배하는 표시로 제 손에 입을 맞추기도 한다. 그러나 나는 그렇게 하지 않았다. 28 그런 일은 높이 계신 하나님을 부인하는 것이므로, 벌로 사형을 받아도 마땅하다. 29 내 원수가 고통받는 것을 보고, 나는 기뻐한 적이 없다. 원수가 재난을 당할 때에도, 나는 기뻐하지 않았다. 30 나는 결코 원수들이 죽기를 바라는 기도를 하여 죄를 범한 적이 없다. 31 내 집에서 일하는 사람은 모두, 내가 언제나 나그네를 기꺼이 영접한다는 것을 잘 알고 있다. 32 나는 나그네가 길거리에서 잠자도록 내버려둔 적이 없으며, 길손에게 내 집 문을 기꺼이 열어주지 않은 적도 없다. 33 다른 사람들은 자기 죄를 감추려고 하지만, 그러나 나는 내 허물을 아주 감추지 않았다. 34 사람들이 무슨 말로 나를 헐뜯든지, 나는 그것을 전혀 두려워하지 않았다. 남에게서 비웃음을 받을까 하여, 입을 다물거나 집 안에서만 머무르거나 하지도 않았다.
35 내가 한 이 변명을 들어줄 사람이 없을까? 맹세코 나는 사실대로만 말하였다. 이제는, 전능하신 분께서 말씀하시는 대답을 듣고 싶다. 36 내 원수가 나를 고발하면서, 뭐라고 말하였지? 내가 저지른 죄과를 기록한 소송장이라도 있어서, 내가

'소송장'(36절)은 어떤 문서를 가리킵니까? 어째서 욥은 '죄과를 기록한 소송장'을 자랑스럽게 머리에 얹고 다니겠다고 말합니까? 29–31장은 욥의 최후 독백입니다. 욥은 자신이 하나님 앞에서 올바르게 살았다고 고백하면서, 만일 자신이 잘못을 저지른 것이 있다면 지금 겪는 재앙은 마땅한 것이라고 표현합니다. 대부분의 사람은 재앙 속에서 쪼그라들고 다 내가 못난 탓이고 내 잘못이다 여기게 됩니다. 욥의 친구들 역시 그런 식으로 욥의 잘못 때문이라 몰아쳤지만, 욥은 끝까지 자신의 온전함과 죄 없음을 포기하지 않습니다. 35절에서는 자신의 이 같은 생각에 대해 하나님께서 대답해주시길 촉구하기도 하고, 36절에서는 자신이 가난한 이웃에게 잘못

읽어볼 수만 있다면, 나는 그것을 자랑스럽게 어깨에 메고 다니고, 그것을 왕관처럼 머리에 얹고 다니겠다. 37 나는, 내가 한 모든 일을 그분께 낱낱이 말씀드리고 나서, 그분 앞에 떳떳이 서겠다. 38 내가 가꾼 땅이 훔친 것이라면, 땅 주인에게서 부당하게 빼앗은 것이라면, 39 땅에서 나는 소산을 공짜로 먹으면서 곡식을 기른 농부를 굶겨 죽였다면, 40 내 밭에서 밀 대신 찔레가 나거나 보리 대신 잡초가 돋아나더라도, 나는 기꺼이 받겠다.

○ 이것으로 욥의 말이 모두 끝났다.

한 일이 있다면 누구라도 고발하라고 말합니다. '소송장'은 다른 이들이 욥의 잘못을 고발한 문서를 가리킵니다. 욥의 죄를 기록한 소송장이 있다면 어깨에 메고 다니고 머리에 얹고 다니겠다는 표현은, 자신이 처한 참상이 자신의 죄 때문이라고 납득이 되면 그것만으로도 기쁘겠다는 의미로 볼 수 있습니다. 아울러 그만큼 자신은 죄가 없으며 하나님 앞에 떳떳하다는 것을 욥이 강력하게 표현하는 것으로 이해할 수 있습니다.

{ 제32장 }

엘리후의 발언(32:1–37:24)

1 욥이 끝내 자기가 옳다고 주장하므로, 이 세 사람은 욥을 설
득하려고 하던 노력을 그만두었다. 2 욥이 이렇게 자기가 옳
다고 주장하면서 모든 잘못을 하나님께 돌리므로, 옆에 서서
듣기만 하던 엘리후라는 사람은, 듣다 못하여 분을 더 이상 참
지 못하고 화를 냈다. 엘리후는 람 족속에 속하는 부스 사람
바라겔의 아들이다. 3 엘리후는 또 욥의 세 친구에게도 화를
냈다. 그 세 친구는 욥을 정죄하려고만 했지, 욥이 하는 말에
변변한 대답을 하지 못하였기 때문이다. 4 그들 가운데서 엘
리후가 가장 젊은 사람이므로, 그는 다른 사람들이 말을 끝낼
때까지 기다려야만 하였다. 5 그런데 그 세 사람이 모두 욥에
게 대답을 제대로 하지 못하였으므로, 그는 화가 났다.
6 ○ 부스 사람 바라겔의 아들 엘리후가 말하였다.

엘리후의 서론이 장황합니다. 한마디로 간단히 말할 수 있는 얘길 이렇게 길게 늘어놓는 방식은 개인적인 말투입니까, 아니면 당시 사회의 일반적인 화법인가요?

욥기의 이전 장들에서는 32장 같은 방식의 전개를 찾아볼 수 없습니다. 그래서 이 장은 그 자체로 엘리후에 대한 어떤 인상을 전달한다고 볼 수 있습니다. 사실 '엘리후'라는 이름은 "그는 나의 하나님이다"라는 뜻입니다. 욥기 전체에서 욥의 말을 제외하고는 사실 하나님의 대답(38–41장)보다도 더 많은 분량을 차지하고 있는 것이 엘리후의 말입니다(32–37장). 당연히 세 친구들의 말보다도 더 많은 분량입니다. 그렇지만 그의 말은 첫 부분부터 장황하고, 자신이 이제부터 하는 말이야말로 가장 결정적인 내용이라는 자화자찬으로 가득합니다.

엘리후의 말

나는 어리고, 세 분께서는 이미 연로하십니다. 그래서 나는 어
른들께 선뜻 나서서 내 견해를 밝히기를 망설였습니다. 7 나
는 듣기만 하겠다고 생각하였습니다. 오래 사신 분들은 살아
오신 것만큼 지혜도 쌓으셨으니까, 세 분들께서만 말씀하시
도록 하려고 생각하였습니다. 8 그러나 깨닫고 보니, 사람에
게 슬기를 주는 것은 사람 안에 있는 영 곧 전능하신 분의 입
김이라는 것을 알았습니다. 9 사람은 나이가 많아진다고 지
혜로워지는 것이 아니며, 나이를 많이 먹는다고 시비를 더 잘
가리는 것도 아니라는 것을 알았습니다. 10 그래서 나도, 생각
하는 바를 말씀드리고자 합니다. 내가 하는 말을 들어주시기
바랍니다. 11 세 분이 말씀하시는 동안에, 나는 참으며 듣기만
하였습니다. 세 분이 지혜로운 말씀을 찾으시는 동안에, 나는
줄곧 기다렸습니다. 12 나는 세 분이 하시는 말씀을 주의 깊게

엘리후는 인간의 영을 하나님의 입김이라고 말합니다(8절). 성경이 이야기하는 '영'은 무엇이고 '혼'은 또 무엇입니까? 고대 이스라엘은 사람 속에 하나님께서 '영'을 넣어주셔서 사람이 살아 있는 것이라고 생각했습니다. 짐승 역시 하나님의 영으로 인해 살아 있다고 여겼습니다(예를 들어 전 3:21). 사람이 죽으면 사람 안에 있던 영은 그것을 보내셨던 하나님께로 돌아간다고 믿었습니다(전 12:7). 특히 욥기 32장 8절은 하나님께서 사람 속에 주신 '영'을 하나님의 '숨결'이라고 표현하는데, 이것은 하나님께서 흙으로 사람을 지으신 후에 그 코에 불어넣으신 생명의 '기운'과 같은 표현입니다(창 2:7). 이 모든 내용은 흙으로 지어진 사람을 살아 있는 존재로 만드는 것이 바로 하나님의 숨결 혹은 하나님께서 사람 속에 넣으신 영임을 말합니다. 우리는 종종 '영'과 '혼'을 구분하기도 하지만, 적어도 구약성경에서는 사람을 그렇게 구분하지 않습니다. 모든 사람은 '육체'를 지녔으며, 하나님께서 주신 호흡이 있는 동안 살아 있고, 그 호흡이 끊어지면 죽습니다.

들었습니다. 그런데 세 분께서는 어느 한 분도, 욥 어른의 말
을 반증하거나 어른의 말에 제대로 답변하지 못하셨습니다.
13 그러고서도 어떻게 지혜를 발견했다고 주장하실 수 있으
십니까? 세 분께서 이 일에 실패하셨으니, 내가 이제 욥 어른
으로 하여금 하나님의 대답을 들으시도록 하겠습니다. 14 욥
어른이 나에게 직접 말을 걸어온 것이 아니므로, 나는 세 분
께서 말씀하신 것과는 다른 방식으로 욥 어른께 대답하겠습
니다. 15 욥 어른께서는 들으십시오. 세 분 친구가 놀라서 말
을 하지 못합니다. 그분들은 어른께 아무런 대답도 하지 못
합니다. 16 그런데도 내가 그들이 입을 다물 때까지 기다려야
합니까? 이제 그들은 할 말도 없으면서, 그냥 서 있기만 합니
다. 17 그럴 수 없습니다. 이제는 내가 대답하겠습니다. 내가
생각한 바를 말씀드리겠습니다. 18 이제는 더 이상 기다릴 수
없고, 말을 참을 수도 없습니다. 19 말할 기회를 얻지 못하면,
새 술이 가득 담긴 포도주 부대가 터지듯이, 내 가슴이 터져
버릴 것 같습니다. 20 참을 수 없습니다. 말을 해야 하겠습니

엘리후는 세 친구와 다른 방식으로 욥에게 대답하겠다고 말합니다(14절). 엘리후는 어떤 방식을 염두에 두고 있는 걸까요? 새번역성경은 13절을 다소 모호하게 옮겼는데, 가톨릭성경에는 세 친구들이 "우리는 지혜를 발견했어. 사람이 아니라 하느님께서 그를 물리치셔야지"라고 말한 것으로 나옵니다. 결국 세 친구들은 자신들은 욥을 설득할 수 없었고 하나님만이 하실 수 있다고 하나님께 책임을 넘겨버린 셈입니다. 그에 대해 엘리후는 세 사람의 실패를 지적하면서 스스로 이 문제를 다루겠다고 나섭니다. 앞서 세 친구는 욥과 서로 대화를 주고받았지만, 엘리후의 말은 욥과 주고받는 대화가 아니라는 점에서 이전 방식과는 확연하게 다릅니다. 그리고 엘리후 스스로 세 친구들이 했던 논리로 욥에게 맞서는 것이 아닌, 다른 방식으로 다루겠다고 말한 것으로도 이해할 수 있습니다. 엘리후의 말을 읽으면서, 과연 엘리후가 자기 나름의 '다른 방식'으로 말하기에 성공했는지 살펴보면 좋겠습니다.

다. 21 이 논쟁에서 어느 누구 편을 들 생각은 없습니다. 또 누
구에게 듣기 좋은 말로 아첨할 생각도 없습니다. 22 본래 나는
아첨할 줄도 모르지만, 나를 지으신 분이 지체하지 않고 나를
데려가실까 두려워서도, 그럴 수는 없습니다.

엘리후는 하나님의 변호사, 또는 옹호자를 자처하고 나선 듯합니다. 하나님에게 인간 변호사가 필요합니까? 어떤 점에서 그렇습니까? 사실 엘리후만이 아니라 욥의 세 친구 역시 줄기차게 하나님을 변호하는 역할을 했습니다. 하나님께서 행하시는 일은 모두 올바르고 정의로우니, 만일 욥에게 재앙이 임했다면 그것은 반드시 욥이 무엇인가 잘못을 했기 때문이라고 끝까지 밀어붙이며 욥을 정죄한 것입니다. 엘리후 역시 이 논쟁에 뛰어들면서, 이미 욥이 스스로 옳다고 주장하는 것에 대해 지극히 못마땅함을 표현하고 하나님을 위해 욥을 공격할 태세를 보이고 있습니다. 이런 점에서 엘리후도 세 친구들의 입장과 논리에서 크게 벗어나지 못할 것 같다는 인상을 풍깁니다. 극심한 고난을 겪고 있는 이웃을 볼 때 우리는 자주 하나님을 위해 변호하고 싶은 충동을 느낍니다. 괴롭고 힘겨운 이웃을 위로하는 것이 아니라, 하나님이 정의로우신 분, 뜻이 깊으신 분임을 자꾸 변호하려고 합니다. 정작 위로가 필요한 이는 하나님이 아니라 사람인데 말입니다.

{ 제33장 }

엘리후가 욥에게 하는 말

1 욥 어른은 부디 내가 하는 말을 잘 들어주시기 바랍니다. 내가
하는 말 한마디 한마디에 귀를 기울여주시기 바랍니다. 2 이제
내 마음속에 있는 것을 말할 준비가 되었습니다. 내 입 속에서
혀가 말을 합니다. 3 나는 지금 진지하게 말하고 있습니다. 나
는 진실을 말하려고 합니다. 4 하나님의 영이 나를 만드시고,
전능하신 분의 입김이 내게 생명을 주셨습니다. 5 대답하실
수 있으면, 대답해보시기 바랍니다. 토론할 준비를 하고 나서
시기를 바랍니다. 6 보십시오, 하나님이 보시기에는, 어른이
나 나나 똑같습니다. 우리는 모두 흙으로 지음을 받았습니다.
7 그러므로 어른께서는 나를 두려워하실 까닭이 없습니다. 내
게 압도되어서 기를 펴지 못하는 일이 있어서도 안 될 것입니
다. 8 어른께서 이런 말씀을 하셨습니다. 9 "내게는 잘못이 없

엘리후는 욥의 '불평과 원망'을 지적합니다(13절). 난데없는 재난을 당한 인간이 그 정도의 불평도 할 수 없다면 숨이 막혀서 어떻게 살겠습니까? 9–11절에서 엘리후는 욥이 이제까지 한 말을 거의 정확하게 요약했습니다. 그러고서는 한낱 사람이 어떤 사람보다도 크신 하나님을 향해 그 행하시는 일에 대한 대답을 요구하거나 자신의 삶에 임한 재난으로 인해 탄식하며 왜 이렇게까지 하시는지 묻는 것을 "잘못하셨습니다"라고 규정해버립니다(12절). 자신의 삶에 대한 괴로움을 표현하는 불평과 원망을 무조건 잘못이라 단정할 순 없습니다. 사정이 고르지 않아 고르지 않다고 하는 말을 '불평'이라 부를 순 있지만, 그것을 잘못이라고 규정하는 것은 완전 별개입니다. 엘리후의 말은 세 친구들의 말과 조금도 다르지 않습니다. 그리고 그는 욥과 욥처럼 극심한 재난을 겪은 이를 자기 기준과 신앙에 따라 죄인으로 규정하고 있습니다.

다. 나는 잘못을 저지르지 않았다. 나는 결백하다. 내게는 허
물이 없다. 10 그런데도 하나님은 내게서 흠잡을 것을 찾으시
며, 나를 원수로 여기신다. 11 하나님이 내 발에 차꼬를 채우
시고, 내 일거수일투족을 다 감시하신다" 하고 말씀하셨습니
다. 12 그러나 내가 욥 어른께 감히 말합니다. 어른은 잘못하
셨습니다. 하나님은 어떤 사람보다도 크십니다. 13 그런데 어
찌하여 어른께서는, 하나님께 불평을 하면서 대드시는 겁니
까? 어른께서 하시는 모든 불평에 일일이 대답을 하지 않으
신다고 해서, 하나님께 원망을 할 수 있습니까? 14 사실은 하
나님이 말씀을 하시고 또 하신다고 하더라도, 사람이 그 말씀
에 주의를 기울이지 못할 뿐입니다. 15 사람이 꿈을 꿀 때에,
밤의 환상을 볼 때에, 또는 깊은 잠에 빠질 때에, 침실에서 잠
을 잘 때에, 16 바로 그때에, 하나님은 사람들의 귀를 여시고,
말씀을 듣게 하십니다. 사람들은 거기에서 경고를 받고, 두려
워합니다. 17 하나님은 사람들이 죄를 짓지 않도록 하십니다.
교만하지 않도록 하십니다. 18 하나님은 사람의 생명을 파멸

엘리후는 환상과 잠자며 꾸는 꿈을 하나님이 사용하는 소통 도구로 설명합니다(15-16절). 꿈도 갖가지인데, 어떤 꿈에 어느 정도의 의미를 부여해야 합니까? 성경에는 하나님께서 꿈이나 환상을 통해 말씀하시는 장면이 빈번하게 등장합니다. 하나님은 어떤 것으로든 말씀하시는 분이니, 꿈이라고 해서 하나님께서 말씀하시는 통로가 아니라고 할 순 없습니다. 어떤 꿈은 유별나게 생생해 마음에 오래 남기도 합니다. 그런 꿈을 가벼이 여기기보다는 왜 그런 꿈을 꾸었을지 생각해보는 것이 좋겠습니다. 다만 구약성경과 신약성경이 존재하기 시작한 이래, 교회는 이 책을 통해 세상과 사람을 향하신 하나님의 뜻을 깨닫고 발견하게 되었습니다. 그리고 성경은 기독교 신앙의 다채로운 양상을 판단하는 일종의 잣대가 되었습니다. 그러므로 꿈을 의미 있게 생각하더라도, 하나님의 뜻의 모든 기준은 어디까지나 성경에 있음을 유념하는 것이 좋습니다.

에 빠지지 않도록 지켜주시며, 사람의 목숨을 사망에서 건져
주십니다. 19 하나님은 사람에게 질병을 보내셔서 잘못을 고
쳐주기도 하시고, 사람의 육체를 고통스럽게 해서라도 잘못
을 고쳐주기도 하십니다. 20 그렇게 되면, 병든 사람은 입맛
을 잃을 것입니다. 좋은 음식을 보고도 구역질만 할 것입니다.
21 살이 빠져 몸이 바짝 마르고, 전에 보이지 않던 앙상한 뼈
만 두드러질 것입니다. 22 이제, 그의 목숨은 무덤에 다가서
고, 그의 생명은 죽음의 문턱에 이르게 될 것입니다. 23 그때
에 하나님의 천사 천 명 가운데서 한 명이 그를 도우러 올 것
입니다. 그 천사는 사람들에게 사람이 마땅히 해야 할 일을 상
기시킬 것입니다. 24 하나님은 그에게 은혜를 베푸시고, 천사
에게 말씀하실 것입니다. "그가 무덤으로 내려가지 않도록, 그
를 살려주어라. 내가 그의 몸값을 받았다." 25 그렇게 되면,
그는 다시 젊음을 되찾고, 건강도 되찾을 것입니다. 26 그가
하나님께 기도를 드리면, 하나님은 그에게 응답하여주실 것입
니다. 그는 기쁨으로 하나님을 섬기고, 하나님은 그를 다시 정
상적으로 회복시켜주실 것입니다. 27 그는 사람들 앞에서 고

여태 이 성경을 읽으면서 어디서도 욥이 교만했다는 인상을 받지 못했습니다. 엘리후가 욥을 '교만'죄로 고소하는(17절) 근거는 무엇입니까? 세 친구도 그랬지만 마지막에 등장하는 엘리후 역시 눈앞에 있는 욥의 참상을 위로하고 함께 슬퍼하기보다는, 욥의 상태를 진단하고 처방하느라 바쁩니다. 하나님께서는 그분의 백성을 돌보시되, 때로는 이유를 알 수 없는 고난과 어려움도 겪게 하시는데, 엘리후는 그 가능성에 대해서는 전혀 고려하지 않습니다. 도리어 욥을 위한답시고 말을 하면서, 사실은 욥이 죄를 지어 현재와 같은 어려움이 생겼고 욥이 교만해서 자신의 죄를 시인하지 않는다고 공격합니다. 노골적인 공격보다 더 못되고 나쁜 것이 이처럼 '하나님에 대한 열렬한 신앙'에 근거한 공격인 것 같습니다.

백할 것입니다. "나는 죄를 지어서, 옳은 일을 그르쳤으나, 하
나님이 나를 용서하여주셨습니다. 28 하나님이 나를 무덤에
내려가지 않게 구원해주셨기에, 이렇게 살아서 빛을 즐기게
되었습니다" 하고 말할 것입니다. 29 이 모두가 하나님이 하
시는 일입니다. 하나님이 사람에게 두 번, 세 번, 이렇게 되풀
이하시는 것은, 30 사람의 생명을 무덤에서 다시 끌어내셔서
생명의 빛을 보게 하시려는 것입니다. 31 어른은 귀를 기울여,
내 말을 들으십시오. 내가 말하는 동안은 조용히 듣기만 해주
십시오. 32 그러나 하실 말씀이 있으시면, 내가 듣겠습니다.
서슴지 말고 말씀해주십시오. 나는 어른이 옳으시다는 것을
드러내고 싶습니다. 33 그러나 하실 말씀이 없으시면, 조용히
들어주시기만 바랍니다. 그러면 내가 어른께 지혜를 가르쳐드
리겠습니다.

질병을 비롯한 육체의 고통은 죄를 바로잡으려는 하나님의 손길입니까?(19–30절) 그렇다면 몸이 아플 때 병원이 아니라 예배당을 먼저 찾아야 하는 걸까요? 당연히 몸이 아프면 병원에 가야 하고, 약도 먹어야 합니다. 그러나 괜찮던 자신의 몸에 이상이 생겼다면, 누구라도 그 원인을 궁리하는 것이 필요합니다. 불규칙한 생활이 원인인데 이를 고치지 않은 채 약만 먹어서는 해결이 안 될 테니까요. 마찬가지로 하나님의 가르침과 규례를 어겼다면 역시 건강에 문제가 생길 것입니다. 하나님의 말씀을 어겼다는 것은 근본적으로 다른 이를 돌아보지 않고 제 욕심만 챙겼다는 의미이니, 당연히 생활이 무너지고 흐트러졌을 것입니다. 하나님께서 우리의 모든 삶을 주관하며 다스리시는 분임을 믿는다면, 내 삶에 어떤 문제가 생겼을 때 약을 먹고 치료를 받을 뿐 아니라, 하나님 앞에서 자신의 삶이 어떠했는지 돌아보는 것은 매우 지혜로운 행동입니다. 그러나 욥처럼 아무 죄가 없는데도 어려움을 겪는 일도 있음을 기억하는 것도 매우 중요합니다. 그래서 자신을 살피되, 지나치게 자신을 탓하거나 다른 사람을 정죄하지 않아야 합니다.

{ 제34장 }

1 엘리후가 욥의 세 친구에게 말하였다. 2 지혜를 자랑하시
는 어른들께서는 내 말을 들으시기 바랍니다. 아는 것이 많다
고 자부하시는 세 분께서 내게 귀를 기울여주시기 바랍니다.
3 어른들께서는 음식을 맛만 보시고도, 그 음식이 좋은 음식
인지 아닌지를 아십니다. 그러나 지혜의 말씀은 들으시고도,
잘 깨닫지 못하시는 것 같습니다. 4 이제는 우리 모두가 무엇
이 옳은 것인지를 알아보고, 진정한 선을 함께 이룩하여볼 수
있기를 바랍니다. 5 욥 어른은 이렇게 주장하십니다. "나는
옳게 살았는데도, 하나님은 나의 옳음을 옳게 여기지 않으신
다." 6 또 욥 어른은 "내가 옳으면서도, 어찌 옳지 않다고 거
짓말을 할 수 있겠느냐? 나는 심하게 상처를 입었다. 그러나
나는 죄가 없다" 하고 말씀하십니다. 7 도대체 욥 어른과 같은
사람이 또 어디에 있겠습니까? 그는 하나님을 조롱하는 말을

엘리후는 전능하고, 정의롭고, 공평한 하나님을 강조합니다(10-12절). 하나님의 속성이 이뿐이라면 너무 삭막한 절대자란 생각이 듭니다. 하나님의 전능하심은 무엇이든 마음대로 할 수 있다는 의미가 아닙니다. 옳은 일을 끝까지 행하시는 전능, 약하고 괴로운 이들의 형편과 아픔을 온전하게 이해하시는 전능, 보잘것없는 아주 작은 신음까지 들으시는 전능을 의미합니다. 정의로우심 역시, 반드시 불의를 징벌하시는 정의, 옳은 삶을 살아가려는 이를 돌아보고 인도하시는 정의라고 할 수 있습니다. 그렇기에 하나님은 공평하신 하나님이십니다. 하나님의 모든 성품은 인간과 세상에 대한 끝없는, 포기하지 않는 사랑과 자비로 연결됩니다. 힘과 법을 가진 이들이 자신이나 자신이 속한 집단의 이익을 위해 그 힘과 법을 멋대로 휘둘러대는 모습을 무수히 봐온 우리에게는 하나님의 전능하심과 정의로우심이 실감나게 느껴지지 않을 수 있습니다. 그러나 하나님께서는 힘이 무엇을 위해 존재하며 정의가 왜 필요한지 보여주십니다.

물 마시듯 하고 있지 않습니까? 8 그리고 그는 나쁜 일을 하
는 자들과 짝을 짓고 악한 자들과 함께 몰려다니면서 9 “사람
이 하나님을 기쁘게 해드린다 해도, 덕 볼 것은 하나도 없다!”
하고 말합니다. 10 분별력이 많으신 여러분은 내가 하는 말을
들어보시기 바랍니다. 하나님이 악한 일을 하실 수 있습니까?
전능하신 분께서 옳지 않은 일을 하실 수 있습니까? 11 오히려
하나님은 사람에게, 사람이 한 일을 따라서 갚아주시고, 사람
이 걸어온 길에 따라서 거두게 하시는 분입니다. 12 전능하신
하나님은 악한 일이나, 정의를 그르치는 일은, 하지 않으십니
다. 13 어느 누가 하나님께 땅을 주관하는 전권을 주기라도 하
였습니까? 어느 누가 하나님께 세상의 모든 것을 맡기기라도
하였습니까? 14 만일 하나님이 결심하시고, 생명을 주는 영
을 거두어가시면, 15 육체를 가진 모든 것은 일시에 죽어, 모
두 흙으로 돌아가고 맙니다. 16 욥 어른, 어른께서 슬기로우신
분이면, 내가 하는 이 말을 깊이 생각해보시기 바랍니다. 내가

엘리후는 다른 각도에서 접근하겠다고 예고했지만(32:14), 11-12절을 보면 세 친구의 인과응보론과 뭐가 다른지 모르겠습니다. 그렇습니다! 엘리후의 말은 세 친구들의 논리와 전혀 다르지 않습니다. 그는 욥이 하나님을 조롱하는 말을 물 마시듯 하고 악인들과 함께 다닌다고 비판합니다. 욥의 괴로움을 제대로 이해하지도 공감하지도 못한 채, 인과응보라는 자신의 신학에 단단히 매여 욥을 악인으로 규정해버립니다. 눈앞에 있는 사람을 보고 이해하는 것이 아니라, 자신이 갖고 있는 기존의 신학에 근거해 눈앞에 있는 사람을 하나님을 조롱하는 자, 악인과 한 패가 된 자로 규정한 것입니다. 신학이 사람을 알고 이해하는 바탕이 되어야 하는데, 도리어 엘리후는 사람을 신학에 짜맞춰서 있지도 않은 죄를 지은 욥으로 만들어버렸습니다. 신앙과 신학을 통해 다채로운 현실을 제대로 바라보는 것이 아니라, 도리어 현실을 자기들의 신앙과 신학으로 재단해버리는 엘리후의 모습은 오늘의 기독교 안에서도 자주 볼 수 있습니다.

하는 말을 귀담아들으시기 바랍니다. 17 욥 어른은 아직도 의
로우신 하나님을 비난하십니까? 하나님이 정의를 싫어하신다
고 생각하십니까? 18 하나님만은 왕을 보시고서 "너는 쓸모없
는 인간이다!" 하실 수 있고, 높은 사람을 보시고서도 "너는 악
하다!" 하실 수 있지 않습니까? 19 하나님은 통치자의 편을 들
지도 않으시고, 부자라고 하여, 가난한 사람보다 더 우대해주
지도 않으십니다. 하나님이 손수 이 사람들을 지으셨기 때문
입니다. 20 사람은 삽시간에, 아니 한밤중에라도 죽습니다.
하나님이 사람을 치시면, 사람은 죽습니다. 아무리 힘센 것이
라고 하더라도, 하나님은 그것을 간단히 죽이실 수 있습니다.
21 참으로 하나님의 눈은 사람의 일거수일투족을 살피시며,
그의 발걸음을 낱낱이 지켜보고 계십니다. 22 악한 일을 하는
자들이 하나님을 피하여 숨을 곳은 없습니다. 흑암 속에도 숨
을 곳이 없고, 죽음의 그늘이 드리운 곳에도 숨을 곳은 없습니
다. 23 사람이 언제 하나님 앞으로 심판을 받으러 가게 되는지,
그 시간을 하나님은 특별히 정해주지 않으십니다. 24 하나님
은 집권자를 바꾸실 때에도, 일을 미리 조사하지 않으십니다.
25 하나님은 그들이 한 일을 너무나도 잘 아시기 때문입니

하나님은 절대주권을 가진 분이라(13-15절) 욥처럼 납득할 수 없는 일을 당해도 설명이나 도움을 기대하지 말아야(29절) 한다면, 폭군과 무엇이 다릅니까? 세 친구와 엘리후는 기존의 주류 신학을 대변하는 셈입니다. 하나님은 주권자이시니 사람에게 요구되는 것은 오직 순종이라는 정통 신학의 시각으로는, 하나님을 향해 괴로움을 토로하며 자신에게 내린 가혹한 현실을 이제 멈추고 거두어달라는 욥, 악인의 불의는 그냥 보면서 왜 자신에게는 이토록 가혹하신지를 부르짖는 욥은 이해할 수 없는 존재요, 하나님을 향해 덤비는 불순한 존재로 여겨집니다. 처음에는 욥을 위로하겠다며 나섰지만, 세 친구는 결국 욥을 죄인으로 격렬하게 정죄했고, 엘리후는

다. 하나님이 그들을 하룻밤에 다 뒤엎으시니, 그들이 일시에
쓰러집니다. 26 하나님은, 사람들이 보는 곳에서 악인들을 처
벌하십니다. 27 그들이 하나님을 따르던 길에서 벗어나고, 하
나님이 지시하시는 어느 길로도 가지 않기 때문입니다. 28 그
래서 가난한 사람들의 하소연이 하나님께 다다르고, 살기 어려
운 사람들의 부르짖음이 그분께 들리는 것입니다. 29 그러나
하나님이 침묵하신다고 하여, 누가 감히 하나님을 비난할 수
있겠습니까? 하나님이 숨으신다고 하여, 누가 그분을 비판할
수 있겠습니까? 30 경건하지 못한 사람을 왕으로 삼아서 고집
센 민족과 백성을 다스리게 하신들, 누가 하나님께 항의할 수
있겠습니까? 31 욥 어른은 하나님께 죄를 고백하고서 다시는
죄를 짓지 않겠다고 약속하신 적이 있으십니까? 32 잘못이 무
엇인지를 일러달라고 하나님께 요구하시면서, 다시는 악한 일
을 저지르지 않겠다고 약속하신 적이 있으십니까? 33 어른은
하나님이 하시는 것을 반대하시면서도, 어른께서 원하시는 것
을 하나님이 해주실 것이라고 기대하십니까? 물론, 결정은 어
른께서 하실 일이고, 내가 할 일이 아니지만, 지금 생각하고
계신 것을 말씀해주시기 바랍니다. 34 분별력이 있는 사람이

처음부터 욥을 강력하게 규탄하고 정죄합니다. 정통 신학, 기존 신학의 기준에서 욥은 용납할 수 없는 존재입니다. 하나님이 폭군이 아니라, 세 친구와 엘리후 같은 신앙인들이 하나님을 폭군으로 매도합니다. 그리고 사람으로 하여금 그저 모든 재앙이 다 자신의 죄 때문이라 여기며 하나님 앞에 엎드려 살게 만듭니다.

면, 내 말에 분명히 동의할 것입니다. 내 말을 들었으니 지혜
가 있는 사람이면, 35 욥 어른이 알지도 못하면서 말을 하고,
기껏 한 말도 모두 뜻 없는 말뿐이었다는 것을 알 수 있을 것
입니다. 36 욥 어른이 한 말을 세 분은 곰곰이 생각해보시기
바랍니다. 세 분께서는, 그가 말하는 것이 악한 자와 같다는
것을 아시게 될 것입니다. 37 욥 어른은 자신이 지은 죄에다가
반역까지 더하였으며, 우리가 보는 앞에서도 하나님을 모독하
였습니다.

엘리후가 말하는 반역이란(37절) 무엇입니까? 욥의 어떤 행위를 일컫습니까? 욥은 하나님께 반역하지 않았습니다. 자신의 고통과 괴로움을 하나님 앞에 토로하는 것 자체가 이미 그가 하나님을 인정하고 경외하는 이임을 보여줍니다. 그러나 엘리후 같은 이들이 보기에, 하나님을 향해 따져 묻고 "나 좀 내버려두세요" 하고 외치는 이들은 불손한 사람이자 하나님께 덤벼드는 사람, 그래서 '반역하는 사람'이었을 것입니다. 하나님께서 욥을 반역자라 부르시는 것이 아니라, 스스로 하나님을 전부 다 아는 것처럼 생각하는 이들이 욥과 같은 신앙인을 반역자로 규정합니다. 이런 일은 현실 세계에서도 빈번히 일어납니다. 하나님 앞에선 꼼짝도 하지 말아야 하며, 하나님께서 세우신 권위자들에게도 오직 순종해야 한다고 말하는 이들은 인류 역사 내내, 고통을 호소하는 사람들을 하나님께 반역했다는 이유로 제거하고 배제하고 처벌했습니다.

{ 제35장 }

1 엘리후가 다시 말을 이었다. 2 욥 어른은 '하나님께서도 나
를 옳다고 하실 것이다' 하고 말씀하셨지만, 3 또 하나님께
"내가 죄를 짓는다고 하여, 그것이 하나님께 무슨 영향이라도
미칩니까? 또 제가 죄를 짓지 않는다고 하여, 내가 얻는 이
익이 무엇입니까?" 하고 물으시는데, 그것도 옳지 못합니다.
4 이제 어른과 세 친구분들께 대답해드리겠습니다. 5 욥 어
른은 하늘을 보시기 바랍니다. 구름이 얼마나 높이 있습니까?
6 비록 욥 어른께서 죄를 지었다고 한들 하나님께 무슨 손해
가 가며, 어른의 죄악이 크다고 한들 하나님께 무슨 영향이 미
치겠습니까? 7 또 욥 어른께서 의로운 일을 하셨다고 한들 하
나님께 무슨 보탬이 되며, 하나님이 어른에게서 얻을 것이 무
엇이 있겠습니까? 8 욥 어른께서 죄를 지었다고 해도, 어른과
다름없는 사람에게나 손해를 입히며, 욥 어른께서 의로운 일
을 했다고 해도, 그것은 다만, 사람에게나 영향을 미칠 뿐입니

6-7절의 말뜻이 모호합니다. 하나님은 초월적 존재일 뿐, 인간의 선악에 개입하지 않는다는 말입니까? 자신의 죄와 의가 자신에게 무슨 소용이냐고 묻는 욥의 말을 (3절), 엘리후는 그의 죄와 의가 하나님께 무슨 소용이냐고 묻는 말로 바꾸었습니다. 두 사람의 말 자체는 틀린 것이 없습니다. 예를 들어 개미의 어떤 행동이 사람에게 미치는 영향이 극히 적듯이, 사람의 행동이 하나님께 어떤 유익이 되지는 않을 것입니다. 하나님께서 사람의 선을 찾으시는 까닭은 하나님의 유익 때문이 아니라, 그것이 사람에게 복이고 기쁨이 되기 때문입니다. 그러나 엘리후는 계속해서 하나님의 입장을 대변하며 마치 하나님을 위한 변호사인 것처럼 행동합니다. 정작 재난으로 인해 극한 고통을 겪는 사람이 바로 자신의 앞에 있는데도 말입니다. 엘리후의 신학이 문제라기보다는 자신의 신학에 사로잡혀 눈앞에 있는 사람을 보지 못하는 것이 문제일 것입니다.

다. 9 사람들은 억압이 심해지면 부르짖고, 세력이 있는 자들
이 억누르면 누구에게나 구원을 청하면서 울부짖지만, 10 그
들을 창조하신 하나님께로 돌아가지 않습니다. 어두운 때에
도 희망을 주시는 그 창조주 하나님께로 돌아가지 않습니다.
11 하나님이 우리에게 짐승이나 새가 가진 지혜보다 더 나은
지혜를 주시는데도 하나님께로 돌아가지 않습니다. 12 그들
이 거만하고 악하므로, 하나님께 "도와주십시오" 하고 부르짖
어도, 하나님은 들은 체도 않으십니다. 13 전능하신 하나님은
악한 자들을 보지도 않으시고, 그들의 호소를 들어주지도 않
으시므로, 그 악한 자들의 울부짖음에는 아무런 힘이 없습니
다. 14 욥 어른은 하나님을 볼 수 없다고 말씀하셨습니다. 그
러나 참고 기다리십시오. 어른께서 걸어놓은 소송장이 하나님
앞에 놓여 있습니다. 15 어른은, 하나님이 벌을 내리지 않으시
고, 사람의 죄에도 별로 관심이 없다고 생각하십니다. 16 그러

엘리후는 욥을 향해 어둠을 맞이하고도 하나님께로 돌아가지 않는다고 지적합니다 (10절). 하지만 욥은 거듭 하나님께 하소연하며 도움을 청하지 않았던가요? 그렇습니다. 욥은 하나님께 거듭 하소연하며 도움을 청했고, 때로 부르짖었고, 하나님께서 하시는 일을 이해할 수 없다고 외치기도 했습니다. 그러나 엘리후는 이런 욥의 태도를 두고 심지어 '반역'(34:37)이라고까지 표현하면서, 욥이 하나님께로 돌이키지 않았다고 규정합니다. 스스로 생각하는 신앙의 틀과 모습이 있어서 그에 맞지 않으면 틀린 것이라 규정하는 완고하고 독선적인 태도를 엘리후에게서 볼 수 있습니다. 다른 이를 짓밟고 약자를 괴롭히는 행태를 두고 '의롭다'고 말한다면 용납할 수 없겠지만, 그렇지 않다면 우리는 스스로의 신앙과 신학으로 다른 사람을 함부로 규정하거나 정죄해선 안 됩니다. 자신의 제한된 시야로 다른 이들의 다채롭고 깊은 삶의 모습을 다 평가할 수는 없습니다. 엘리후는 처음부터 지금까지 계속해서 자신의 지식과 지혜를 내세웁니다. 그러나 그의 모습은 지혜로워 보이지 않고, 오히려 좁은 시야에 갇힌 채 자신이 전부를 아는 것처럼 여기는 사람 같습니다.

나 명심하십시오. 어른께서 말씀을 계속하시는 것은, 쓸데없는 일입니다. 어른은 자기가 하는 말이 무엇인지도 모르시는 것이 분명합니다.

{ 제36장 }

1 다시 엘리후가 말을 이었다. 2 조금만 더 참고 들으시기 바랍
니다. 아직도 하나님을 대신하여 드릴 말씀이 있습니다. 3 나
는 내가 가진 지혜를 모두 다 짜내서라도 나를 지으신 하나님
이 의로우시다는 것을 밝히겠습니다. 4 내가 하는 이 말에는
거짓이 전혀 없습니다. 건전한 지식을 가진 사람이 지금 욥 어
른과 더불어 말하고 있습니다. 5 하나님은 큰 힘을 가지고 계
시지만, 흠이 없는 사람을 멸시하지 않으십니다. 또 지혜가 무
궁무진하시므로, 6 악한 사람을 살려두지 않으시고, 고난받는
사람들의 권리를 옹호하십니다. 7 의로운 사람들을 외면하지
않으시며, 그들을 보좌에 앉은 왕들과 함께 자리를 길이 같이

하나님이 의로움 그 자체라면 '의로운 사람'은 곧 '하나님께 복종하는 사람'이 아닐까요? 엘리후는 그 둘을 분리해서 생각하는 것 같습니다(8절). 늘 그렇듯이, 하나님에 대한 엘리후의 설명은 그 자체로 타당합니다. 이 본문에서도 5–15절까지의 설명은 옳습니다. 문제는 그것을 기반으로 현재 욥의 삶을 제멋대로 평가하며 정죄한다는 점입니다. 엘리후가 생각하는 '의로운 사람의 복종'은 자신의 삶에 이해하기 어려운 재앙이 임할 경우, 하나님께 잘못한 것은 없는지 스스로 돌아보고 반성하면서 하나님께서 용서하실 때까지 아무 말도 하지 않고 하나님을 찬양하며 신뢰하는 것입니다. 그런데 욥은 하나님을 향해 부르짖으며 때로 항의하고 불평하니, 엘리후로서는 용납할 수 없었습니다.

하게 하시고, 그들이 존경을 받게 하십니다. 8 그러나 의로운
사람이라도 하나님께 복종하지 않으면, 쇠사슬에 묶이게 하시
고, 고통의 줄에 얽매여서 벗어나지 못하게 하십니다. 그러는
동안에 9 하나님은 그들에게 그들이 한 일을 밝히시며, 그들
이 교만하게 지은 죄를 알리십니다. 10 하나님은 또한, 그들의
귀를 열어서 경고를 듣게 하시고, 그들이 악을 버리고 돌아오
도록 명하십니다. 11 만일 그들이 하나님께 순종하고, 그분을
섬기면, 그들은 나날이 행복하게 살고, 평생을 즐겁게 지낼 것
입니다. 12 그러나 그들이 귀담아듣지 않으면 결국 죽음의 세
계로 내려갈 것이고, 아무도 그들이 왜 죽었는지를 모를 것입
니다. 13 불경스러운 자들은 하나님께 형벌을 받을 때에, 오
히려 하나님을 원망하면서 도와주시기를 간구하지 않습니다.
14 그들은 한창 젊은 나이에 죽고, 남창들처럼 요절하고 말 것
입니다. 15 그러나 사람이 받는 고통은, 하나님이 사람을 가

하나님은 벌을 주기 전에 먼저 경고를 보냅니까?(10절) 어떻게 하나님의 경고를 알아차릴 수 있습니까? 가령, 고대 이스라엘에 존재했던 예언자들은 하나님의 경고를 전달한 사람들이라 할 수 있습니다. 죄악을 저지른 사람은 본래 하나님의 심판으로 죽게 됩니다. 그럴 때 하나님께서는 당신의 말씀을 전달할 예언자를 불러 하나님의 말씀을 전하게 하십니다. 예언자는 죄인을 찾아가 "당신이 이러이러하게 악을 행했으니, 이제 하나님께서는 당신이 죽을 것이라고 하셨다"라고 외칩니다. 만일 악인이 그 말을 듣고 자신의 죄를 인정하고 돌이키면 그에게 임하기로 예정되었던 심판은 취소되지만, 그가 여전히 죄를 반복하면 하나님께서 정하신 심판이 임합니다(겔 33:14-16). 니느웨라는 고대의 큰 성읍 사람들이 죄를 지어 하나님의 심판을 받게 되었을 때, 하나님께서는 예언자 요나를 그들에게 보내셨고, 요나의 심판 선포를 들은 니느웨 사람들이 악한 행실에서 돌이키자 하나님께서는 그들을 용서하셨습니다(욘 3:1-10). 고대에는 예언자들의 선포를 통해 하나님의 경고를 알아차려야 했다면, 오늘날에는 하나님께서 사람들에게 주신 하나님의 말씀, 즉 성경을 통해 그 경고를 알아차려야 합니다.

르치시는 기회이기도 합니다. 사람이 고통을 받을 때에 하나
님은 그 사람의 귀를 열어서 경고를 듣게 하십니다. 16 하나님
은 욥 어른을 보호하셔서, 고통을 받지 않게 하셨습니다. 평안
을 누리면서 살게 하시고, 식탁에는 언제나 기름진 것으로 가
득 차려주셨습니다. 17 그러나 이제 욥 어른은 마땅히 받으셔
야 할 형벌을 받고 계십니다. 심판과 벌을 면할 길이 없게 되
었습니다. 18 욥 어른은 뇌물을 바쳐서 용서받을 생각은 아예
하지 마십시오. 속전을 많이 바친다고 하여 용서받는 것은 아
닙니다. 19 재산이 많다고 하여 속죄받을 수 없고, 돈과 권력
으로도 속죄를 받지 못합니다. 20 밤이 된다고 하여 이 형벌
에서 벗어나는 것이 아니니, 밤을 기다리지도 마십시오. 21 악
한 마음을 품지 않도록 조심하십시오. 어른께서는 지금 고통
을 겪고 계십니다마는, 이 고통이 어른을 악한 길로 빠지지 않
도록 지켜줄 것입니다. 22 하나님의 능력이 얼마나 큰지를 기
억하십시오. 하나님은 우리 모두에게 위대한 스승이십니다.
23 하나님께 이래라저래라 할 사람도 없고, "주님께서 옳지
못한 일을 하셨습니다" 하고 하나님을 꾸짖을 사람도 없습니

고통은 어떤 점에서 인간을 악한 길에 빠지지 않게 지켜줍니까?(21절) 선하게 살기 위해서는 고난이나 고행이 필요하다는 말입니까? 우리가 불규칙하고 무질서하며 탐욕스러운 생활을 거듭한다면 반드시 건강을 해치게 되고, 이런저런 병을 앓으며 고생하게 될 것입니다. 그렇게 건강을 잃은 고통으로 인해 우리는 지난 삶을 되돌아보며 후회하고 뼈저리게 반성할 것입니다. 그래서 병에서 회복된 후에 이전의 삶을 청산하고 새롭게 올바른 길을 걸어간다면, 우리가 겪은 고통은 우리를 회복시키고 살리는 길이 되었다고 할 수 있습니다. 삶에 고난이 있을 때 우리는 우리 삶을 진지하게 돌아보곤 합니다. 그러한 반성과 숙고는 우리로 하여금 이전보다 더 좋은 삶을 살도록 이끄는 경우가 많습니다. 이 역시 고난 속에 자라는 신앙과 삶이라 할 수 있습니다.

다. 24 하나님의 업적은 늘 찬양받아왔습니다. 욥 어른도 하
나님이 하신 일을 찬양하셔야 합니다. 25 온 인류가 하나님이
하신 일을 보았습니다. 사람은 멀리서 하나님이 하신 일을 봅
니다. 26 그렇습니다! 하나님은 위대하셔서, 우리의 지식으로
는 그분을 알 수 없고, 그분의 햇수가 얼마인지도 감히 헤아
려 알 길이 없습니다. 27 물을 증발시켜서 끌어올리시고, 그것
으로 빗방울을 만드시며, 28 구름 속에 싸두셨다가 뭇사람에
게 비로 내려주십니다. 29 하나님이 구름을 어떻게 펴시는지
는 아무도 알지 못하며, 그 계신 곳 하늘에서 나는 천둥소리가
어떻게 해서 생기는지 아무도 모릅니다. 30 온 하늘에 번개를
보내십니다. 그러나 바다 밑 깊은 곳은 어두운 채로 두십니다.
31 이런 방법으로 사람을 기르시고, 먹거리를 넉넉하게 주십
니다. 32 두 손으로 번개를 쥐시고서, 목표물을 치게 하십니
다. 33 천둥은 폭풍이 접근하여옴을 알립니다. 동물은 폭풍이
오는 것을 미리 압니다.

물의 순환, 천둥, 번개 같은 자연현상은(27–33절) 이미 과학으로 그 원리가 밝혀졌습니다. 이런 현상들을 내세워 하나님이 위대하다고 말하는 게 어쩐지 허술하게 들립니다. 욥기는 지금으로부터 수천 년 전을 배경으로 형성된 글입니다. 인류가 자연의 신비를 어느 정도 파악하게 된 것은 그리 오래되지 않았습니다. 그리고 과학이 얼마만큼 밝혀내든, 기독교 신앙을 지닌 이들은 온 세상과 천지의 질서를 주 하나님께서 창조하셨다고 믿습니다. 고대 세계에는 하늘을 숭배하고 태양과 달, 대단한 짐승이나 강력한 자연현상을 신으로 경배한 경우가 허다했지만, 주 하나님을 창조주로 믿는 이들은 자연이나 자연현상, 크고 강하고 대단한 것을 신으로 여기지 않습니다. 그래서 창조주 하나님을 믿는 신앙은 고대에나 지금이나 제아무리 대단하고 강한 자연이나 사람이라 할지라도 그 앞에 굴복하거나 머리 숙이지 않게 합니다. 창조주 하나님을 믿는 신앙은 사람을 훨씬 더 존엄하게 살게 합니다.

{ 제37장 }

1 폭풍이 나의 마음을 거세게 칩니다. 2 네 분은 모두 하나님
의 음성을 들으십시오. 그분의 입에서 나오는 천둥과 같은 소
리를 들으십시오. 3 하나님이 하늘을 가로지르시면서, 번개를
땅 이 끝에서 저 끝으로 가로지르게 하십니다. 4 천둥과 같은
하나님의 음성이 들립니다. 번갯불이 번쩍이고 나면, 그 위엄
찬 천둥소리가 울립니다. 5 하나님이 명하시면, 놀라운 일들
이 벌어집니다. 도저히 이해할 수 없는 신기한 일들이 일어납
니다. 6 눈에게 명하시면 땅에 눈이 내리고, 소나기에게 명하
시면 땅이 소나기로 젖습니다. 7 눈이나 비가 내리면, 사람들
은 하던 일을 멈추고 하나님이 하시는 일을 봅니다. 8 짐승들
도 굴로 들어가서, 거기에서 눈비를 피합니다. 9 남풍은 폭풍
을 몰고 오고, 북풍은 찬바람을 몰고 옵니다. 10 하나님이 쉬
시는 숨으로 물이 얼고, 넓은 바다까지도 꽁꽁 얼어버립니다.

자연현상을 장황하게 열거하고 여기에 주목하라고 욥에게 요구하는(14절) 엘리후의 의도는 무엇입니까? 엘리후는 욥이 아무것도 알지 못한 채 하나님께 덤벼들고 항의한다고 생각했습니다. 자연에서 벌어지는 현상은 하나님께서 행하시는 일이되, 사람은 이해할 수 없는 신기한 일입니다(5절). 그러나 하나님께서 행하시는 모든 일에는 하나님의 의도가 있습니다. 때로 땅을 위해, 때로 징계를 위해, 때로 은총을 위해 하나님께서 행하십니다(13절). 사람은 그것을 알 수 없지만, 하나님께서는 의도를 가지고 행하십니다. 그래서 엘리후는 15–18절에 걸쳐 하나님께서 하시는 일을 욥이 아는지 묻습니다. 엘리후의 이런 논리 전개는 문제가 없지만, 그렇다고 해서 욥처럼 하나님께 묻는 행위가 잘못이라거나 심지어 '반역'이라고 할 수는 없습니다. 사실 엘리후도 하나님께서 행하시는 일에 대해 잘 알지 못했을 것입니다. 그러면서도 그는 제멋대로 하나님의 의도가 이것이다 결론을 내리고 욥을 책망하고 있으니, 그의 말과 행동이 서로 충돌하는 꼴입니다.

11 그가 또 짙은 구름에 물기를 가득 실어서, 구름 속에서 번
갯불이 번쩍이게 하십니다. 12 구름은 하나님의 명을 따라서
뭉게뭉게 떠다니며, 하나님이 명하신 모든 것을 이 땅 위의 어
디에서든지 이루려고 합니다. 13 하나님은 땅에 물을 주시려
고 비를 내리십니다. 사람을 벌하실 때에도 비를 내리시고, 사
람에게 은총을 베푸실 때에도 비를 내리십니다. 14 욥 어른은
이 말을 귀담아들으십시오. 정신을 가다듬어서, 하나님이 하
시는 신기한 일들을 곰곰이 생각해보십시오. 15 하나님이 어
떻게 명하시는지, 그 구름 속에서 어떻게 번갯불이 번쩍이게
하시는지를 아십니까? 16 구름이 어떻게 하늘에 떠 있는지를
아십니까? 하나님의 이 놀라운 솜씨를 알기라도 하십니까?
17 모르실 것입니다. 뜨거운 남풍이 땅을 말릴 때에, 그 더위
때문에 고통스러워하신 것이 고작일 것입니다. 18 어른께서
하나님을 도와서 하늘을 펴실 수 있습니까? 하늘을 번쩍이는
놋거울처럼 만드실 수 있습니까? 19 어디 한번 말씀하여보십
시오. 하나님께 뭐라고 말씀드려야 할지를 우리에게 가르쳐
주십시오. 우리는 무지몽매하여 하나님께 드릴 말씀이 없습
니다. 20 내가 하고 싶은 말이라고 하여, 다 할 수 있겠습니

엘리후는 하늘을 놋거울에 빗댑니다(18절). 하늘의 어떤 속성을 염두에 두고 있습니까? 하나님께서 태초에 하늘을 만들고 '창공'이라 부르셨습니다(창 1:6–8). '창공'으로 번역된 히브리 단어의 어근이 되는 동사가 욥기 37장 18절에서 '펴다'로 옮겨진 단어입니다. "무엇인가 단단한 것을 쳐서 넓고 평평하게 펴다"라는 의미입니다. 욥기의 이 구절은 하나님께서 매우 단단한 하늘을 두드리고 널찍하게 펴서 '창공'을 이루셨다고 표현합니다. 지금으로부터 수천 년 전의 세계를 살던 고대인의 시각에서 하늘은 넓게 펼쳐진 판처럼 보였을 것이며, 그런 시각이 '창공'이나 '펴서 만든 단단한 하늘' 같은 표현에 반영되었습니다. 오늘날 우리는 그런 '창공'이 존재

까? 어찌하여 하나님께 나를 멸하실 기회를 드린단 말입니
까? 21 이제 하늘에서 빛나는 빛이 눈부십니다. 쳐다볼 수 없
을 만큼 밝습니다. 바람이 불어서 하늘이 맑아졌습니다. 22 북
쪽에는 금빛 찬란한 빛이 보이고, 하나님의 위엄찬 영광이 우
리를 두렵게 합니다. 23 하나님의 권능이 가장 크시니, 우리가
전능하신 그분께 가까이 나아갈 수 없습니다. 사람을 대하실
때에, 의롭게 대하시고, 정의롭게 대하여주십니다. 24 그러므
로 사람이 하나님을 경외해야 하는 것은 당연합니다. 하나님
은 스스로 지혜롭다고 하는 사람을 무시하십니다.

하지 않는다는 것을 과학을 통해 알고 있지만, 여전히 '하늘'이라는 표현을 사용합니다. 구약성경과 신약성경이 아주 오래전 고대인을 대상으로 기록된 글임을 이러한 사례를 통해 재확인할 수 있습니다.

{ 제38장 }

주님께서 욥에게 대답하시다

1 그때에 주님께서 욥에게 폭풍이 몰아치는 가운데서 대답하
셨다. 2 네가 누구이기에 무지하고 헛된 말로 내 지혜를 의심
하느냐? 3 이제 허리를 동이고 대장부답게 일어서서, 묻는 말
에 대답해보아라. 4 내가 땅의 기초를 놓을 때에, 네가 거기에
있기라도 하였느냐? 네가 그처럼 많이 알면, 내 물음에 대답
해보아라. 5 누가 이 땅을 설계하였는지, 너는 아느냐? 누가
그 위에 측량줄을 띄웠는지, 너는 아느냐? 6 무엇이 땅을 버티
는 기둥을 잡고 있느냐? 누가 땅의 주춧돌을 놓았느냐? 7 그
날 새벽에 별들이 함께 노래하였고, 천사들은 모두 기쁨으로
소리를 질렀다. 8 바닷물이 땅속 모태에서 터져 나올 때에, 누
가 문을 닫아 바다를 가두었느냐? 9 구름으로 바다를 덮고, 흑

하나님의 등장이 너무 더딥니다(1절). 고통 속에서 끊임없이 하나님과 만나길 소원하는 욥을 외면한 채, 장황한 논쟁을 이렇게 오래 지켜보는 이유는 무엇입니까? 만일 하나님께서 곤경으로 인해 부르짖는 이들에게 곧바로 응답하고 건져내신다면, 그 사람은 성장할 수 있을까요? 부모가 어린아이를 늘 도와준다면, 그 어린아이는 제대로 자랄 수 있을까요? 사람은 하나님의 꼭두각시나 프로그램이 입력된 기계가 아니라, 하나님의 형상대로 지어진 존엄한 존재입니다. 심지어 하나님께서는 사람에게 하나님을 거역할 자유까지도 주셨습니다. 괴롭고 힘겨울 때 하나님의 도우심을 구하게 하신 것은 반드시 하나님께서 도우실 테니 죄에 굴복하지 말고 악에게 지지 말라는 격려일 것입니다. 욥은 친구들의 말로 인해 무척이나 고통스러웠을 것입니다. 그러나 이 논쟁 중에도 욥은 자신의 온전함을 결코 포기하지 않았고, 자신의 존엄 역시 내팽개치지 않았습니다. 욥의 앎과 신앙은 이를 통해 더욱 깊고 튼튼해졌다고 할 수 있습니다.

암으로 바다를 감싼 것은, 바로 나다. 10 바다가 넘지 못하게
금을 그어놓고, 바다를 가두고 문빗장을 지른 것은, 바로 나
다. 11 "여기까지는 와도 된다. 그러나 더 넘어서지는 말아라!
도도한 물결을 여기에서 멈추어라!" 하고 바다에게 명한 것
이 바로 나다. 12 네가 지금까지 살아오면서 네가 아침에게 명
령하여, 동이 트게 해본 일이 있느냐? 새벽에게 명령하여, 새
벽이 제자리를 지키게 한 일이 있느냐? 13 또 새벽에게 명령
하여, 땅을 옷깃 휘어잡듯이 거머쥐고 마구 흔들어서 악한 자
들을 털어내게 한 일이 있느냐? 14 대낮의 광명은 언덕과 계
곡을 옷의 주름처럼, 토판에 찍은 도장처럼, 뚜렷하게 보이게
한다. 15 대낮의 광명은 너무나도 밝아서, 악한 자들의 폭행
을 훤히 밝힌다. 16 바닷속 깊은 곳에 있는 물 근원에까지 들
어가 보았느냐? 그 밑바닥 깊은 곳을 거닐어본 일이 있느냐?
17 죽은 자가 들어가는 문을 들여다본 일이 있느냐? 그 죽음

"어째서 착한 사람은 고난을 받고 악인은 승승장구하는가?"라는 근본적인 물음에는 답하지 않고 온갖 질문만 퍼붓는 하나님의 뜻을 모르겠습니다. 하나님의 대답이 기록되어 있는 38-41장에서는 욥이 제기하는 근본적인 질문을 전혀 다루지 않습니다. 이 질문은 여기뿐 아니라 구약성경 곳곳에서 제기되는데(시 73편; 렘 12:1-4; 합 1장), 그 본문에서도 직접적인 대답은 주어지지 않습니다. 그래서 그 답을 하나님께서 알려주시기보다는, 사람이 스스로 찾고 묵상하고 궁리하도록 하셨다고 볼 수 있습니다. 38장은 하나님께서 온 천지를 지으셨고 그분 뜻대로 주관하심을 보여줍니다. 특히 하나님께서 사자와 까마귀의 먹이까지 공급하시며(39-41절), '사람 없는 땅에 비를 내리시는 분'(26절)이라고 표현합니다. 그래서 이 장은 사람 중심의 사고방식을 훌쩍 넘어섭니다. 사람이 세상의 중심이 아니라, 사람은 하나님께서 지으신 세상의 한 부분일 따름입니다. 이를 생각할 때, 고난 중에 있는 사람은 잠잠히 하나님을 신뢰하게 됩니다. 온 세상을 창조하고 주관하고 존재하게 하시는 하나님을 기억하며, 그분의 행하심을 신뢰하게 됩니다.

의 그늘이 드리운 문을 본 일이 있느냐? 18 세상이 얼마나 큰
지 짐작이나 할 수 있겠느냐? 이 모든 것을 알고 있다면, 어디
네 말 한번 들어보자. 19 빛이 어디에서 오는지 아느냐? 어둠
의 근원이 어디에 있는지 아느냐? 20 빛과 어둠이 있는 그곳
이 얼마나 먼 곳에 있는지, 그곳을 보여줄 수 있느냐? 빛과 어
둠이 있는 그곳에 이르는 길을 아느냐? 21 암, 알고말고. 너는
알 것이다. 내가 이 세상을 만들 때부터 지금까지 네가 살아왔
고, 내가 세상 만드는 것을 네가 보았다면, 네가 오죽이나 잘
알겠느냐! 22 눈을 쌓아둔 창고에 들어간 일이 있느냐? 우박
창고를 들여다본 일이 있느냐? 23 이것들은 내가 환난이 생
겼을 때에 쓰려고 간직해두었고, 전쟁할 때에 쓰려고 준비해
두었다. 24 해가 뜨는 곳에 가본 적이 있느냐? 동풍이 불어오
는 그 시발점에 가본 적이 있느냐? 25 쏟아진 폭우가 시내가
되어서 흐르도록 개울을 낸 이가 누구냐? 천둥과 번개가 가는
길을 낸 이가 누구냐? 26 사람이 없는 땅, 인기척이 없는 광야
에 비를 내리는 이가 누구냐? 27 메마른 거친 땅을 적시며, 굳
은 땅에서 풀이 돋아나게 하는 이가 누구냐? 28 비에게 아버
지가 있느냐? 누가 이슬방울을 낳기라도 하였느냐? 29 얼음

부조리한 현실에 맞닥뜨려도 무한 지혜로운 하나님이 하는 일이니 무한정 침묵해야 한다면, 하나님이 손수 만든 인간과 AI의 차이는 무엇입니까? 부조리한 현실에 무한정 침묵하라는 요구는 사실 욥의 세 친구들의 계속된 조언이었습니다. 욥은 침묵하지 않았습니다. 크게 신음했고, 크게 부르짖으며 하나님의 행하시는 일에 대해 묻고 따졌습니다. 그리고 마침내 폭풍 가운데 나타나신 하나님께서는 이로 인해 욥이 죄를 지었다며 책망하지 않으십니다. 42장을 보면 도리어 책망받는 사람은 친구들입니다. 38-41장에 있는 하나님의 말씀은 욥을 향한 책망이라고 볼 수 없습니다. 이 장들은 하나님께서 어떤 분이신지를 보여줍니다. 그리고 하나님께서 지으신 세

은 어느 모태에서 나왔으며, 하늘에서 내리는 서리는 누가 낳
았느냐? 30 물을 돌같이 굳게 얼리는 이, 바다의 수면도 얼게
하는 이가 누구냐? 31 네가 북두칠성의 별 떼를 한데 묶을 수
있으며, 오리온성좌를 묶은 띠를 풀 수 있느냐? 32 네가 철
을 따라서 성좌들을 이끌어낼 수 있으며, 큰곰자리와 그 별
떼를 인도하여낼 수 있느냐? 33 하늘을 다스리는 질서가 무엇
인지 아느냐? 또 그런 법칙을 땅에 적용할 수 있느냐? 34 네
소리를 높여서, 구름에게까지 명령을 내릴 수 있느냐? 구름에
게 명령하여, 너를 흠뻑 적시게 할 수 있느냐? 35 번개를 내보
내어, 번쩍이게 할 수 있느냐? 그 번개가 네게로 와서 "우리는
명령만 기다립니다" 하고 말하느냐? 36 강물이 범람할 것이
라고 알리는 따오기에게 나일강이 넘칠 것이라고 말해주는 이
가 누구냐? 비가 오기 전에 우는 수탉에게 비가 온다고 말해
주는 이가 누구냐? 37 누가 구름을 셀 만큼 지혜로우냐? 누가
하늘의 물주머니를 기울여서 비를 내리고, 38 누가 지혜로워
서, 티끌을 진흙덩이로 만들고, 그 진흙덩이들을 서로 달라붙
게 할 수 있느냐? 39 네가 사자의 먹이를 계속하여 댈 수 있느
냐? 굶주린 사자 새끼들의 식욕을 채워줄 수 있느냐? 40 그것

상 가운데 사람만 있는 것이 아니라, 모든 피조물이 존재한다는 것을 알려줍니다. 하나님의 이러한 응답은 욥의 질문, 그리고 욥의 문제 제기와 탄식이 잘못되지 않았음을 보여줍니다. 사람은 무조건 하나님을 따르도록 지어진 존재—만일 그런 존재가 있다면 그것은 정말 인공지능의 하나일 따름이며 그저 '기계 조각'에 불과할 것입니다—가 아니라, 심지어 하나님께 불순종할 자유까지 허용된 존재입니다. 욥기는 질문하는 인간, 부르짖고 항의하는 인간의 존엄을 증언합니다.

들은 언제나 굴속에 웅크리고 있거나, 드러나지 않는 곳에 숨
어 있다가 덮친다. 41 까마귀 떼가 먹이가 없어서 헤맬 때에,
그 새끼들이 나에게 먹이를 달라고 조를 때에, 그 까마귀 떼에
게 먹이를 마련하여주는 이가 누구냐?

{ 제39장 }

1 너는 산에 사는 염소가 언제 새끼를 치는지 아느냐? 들사슴
이 새끼를 낳는 것을 지켜본 일이 있느냐? 2 들사슴이 몇 달 만
에 만삭이 되는지 아느냐? 언제 새끼를 낳는지 아느냐? 3 언제
구푸려서 새끼를 낳는지를 아느냐? 낳은 새끼를 언제 광야에
다가 풀어놓는지를 아느냐? 4 그 새끼들은 튼튼하게 자라나
면, 어미 곁을 떠나가서 다시 돌아오지 않는다. 5 누가 들나귀
를 놓아주어서 자유롭게 해주었느냐? 누가 날쌘 나귀에게 매
인 줄을 풀어주어서, 마음대로 뛰놀게 하였느냐? 6 들판을 집

하나님이 무려 두 장(38–39)에 걸쳐 자연의 질서와 신비를 열거하는 의도는 무엇입니까? 38장의 시작은 욥의 무지함에 대한 언급이었습니다. 39장까지 이어지는 하나님의 첫 번째 말씀에는 "네가 아느냐"라는 표현이 계속 반복됩니다. 하나님께서는 모든 것을 지으시고 주관하십니다. 눈과 우박은 환난과 전쟁 때를 위해 준비하셨고(38:22–23), 사자와 까마귀에게도 먹을 것을 주십니다(38:39–41). 염소와 들사슴, 들나귀와 타조, 말과 메뚜기, 독수리가 살아가는 원리 역시 하나님께로부터 비롯되었습니다(39장). 하나님의 행하심에 대한 서술과 더불어 두 장에서 반복되는 것은 "네가 아느냐", "알면 말하라", "너라면 알겠구나" 같은 표현(38:4, 18, 21; 39:19), 그리고 "하나님께서 아시고 하셨다"는 선포(38:9–11, 23; 39:6, 17)입니다. 그렇다면 결국 하나님의 대답은 욥이 아는 것에 한계가 있음을 깨닫게 하시려는 의도라고 볼 수 있습니다.

으로 삼게 하고 소금기 있는 땅을 살 곳으로 삼게 한 것은, 바
로 나다. 7 들나귀가 시끄러운 성읍에서 멀리 떨어져 있으므
로, 아무도 들나귀를 길들이지 못하고, 일을 시키지도 못한다.
8 산은 들나귀가 마음껏 풀을 뜯는 초장이다. 푸른 풀은 들나
귀가 찾는 먹이다. 9 들소가 네 일을 거들어주겠느냐? 들소가
네 외양간에서 잠을 자겠느냐? 10 네가 들소에게 쟁기를 매어
주어서, 밭을 갈게 할 수 있느냐? 들소들이 네 말을 따라서 밭
을 갈겠느냐? 11 들소가 힘이 센 것은 사실이지만, 네가 하기
힘든 일을 들소에게 떠맡길 수 있겠느냐? 12 들소가, 심은 것
을 거두어들여서 타작마당에 쌓아줄 것 같으냐? 13 타조가 날
개를 재빠르게 치기는 하지만, 황새처럼 날지는 못한다. 14 타
조가 땅바닥에다가 알을 낳는 것은, 흙이 그 알을 따스하게 해
주기를 바라기 때문이다. 15 그러나 그 알이 발에 밟혀서 깨어
질 수 있음을 알지 못한다. 들짐승이 그 알을 짓밟을 수도 있
음을 알지 못한다. 16 타조는 알을 거칠게 다루기를 마치 제가

그토록 탁월한 하나님이 세상에 부조리를 허용하는 이유는 무엇입니까? 그 뛰어난 지혜와 능력으로 정의를 실현해야 마땅하지 않겠습니까? 하나님의 길고 긴 질문에 대해 욥이 할 수 있는 대답은 달리 없을 것입니다. 하나님께서 지으시고 주관하시는 온 세상에 비해 욥은 참 작고 한쪽에 존재하는 이일 따름입니다. 욥만이 아니라 모든 사람이 참으로 작습니다. 세상에 왜 불의가 존재하며 이렇게 기승을 부리는지 참으로 답답하고 원통하지만, 하나님께서 바로 심판하지 않으시는 까닭을 알기 어렵습니다. 사람 없는 땅에 비를 내리시는 것은 사람의 관점에서는 그야말로 아무 쓸모없는 행위 같습니다. 그래서 하나님의 대답은 사람으로 하여금 사람이 세상의 한 부분에 불과함을 깨닫게 하며 겸손하게 합니다. “하나님이 불의를 허용하셨다”는 표현은 다시금 “사람은 그저 하나님의 꼭두각시에 불과하다”는 생각으로 이어집니다. 욥기는 사람으로 하여금 천지의 주가 되시는 하나님을 신뢰하며, 체념하지 않고 불의와 맞서는 한 걸음을 걷도록 격려한다고 볼 수 있습니다.

낳은 알이 아닌 것같이 하고, 알을 낳는 일이 헛수고가 되지나
않을까 하고 걱정도 하지 못하니, 17 이것은 나 하나님이 타조
를 어리석은 짐승으로 만들고, 지혜를 주지 않았기 때문이다.
18 그러나 타조가 한번 날개를 치면서 달리기만 하면, 말이나
말 탄 사람쯤은 우습게 여긴다. 19 욥은 대답해보아라. 말에
게 강한 힘을 준 것이 너냐? 그 목에 흩날리는 갈기를 달아준
것이 너냐? 20 네가 말을 메뚜기처럼 뛰게 만들었느냐? 사람
을 두렵게 하는 그 위세 당당한 콧소리를 네가 만들어주었느
냐? 21 앞발굽으로 땅을 마구 파대면서 힘껏 앞으로 나가서 싸
운다. 22 그것들은 두려움이라는 것을 모른다. 칼 앞에서도
돌아서지 않는다. 23 말을 탄 용사의 화살통이 덜커덕 소리
를 내며, 긴 창과 짧은 창이 햇빛에 번쩍인다. 24 나팔 소리
만 들으면 머물러 서 있지 않고, 흥분하여, 성난 모습으로 땅
을 박차면서 내달린다. 25 나팔을 불 때마다, "힝힝" 하고 콧
김을 뿜으며, 멀리서 벌어지는 전쟁 냄새를 맡고, 멀리서도
지휘관들의 호령과 고함 소리를 듣는다. 26 매가 높이 솟아
올라서 남쪽으로 날개를 펴고 날아가는 것이 네게서 배운 것
이냐? 27 독수리가 하늘 높이 떠서 높은 곳에 보금자리를 만

하나님이 위대하다는 사실을 받아들인다 해도 문제는 침묵입니다. 모진 시련의 이유라도 알려줘야 욥이 덜 고통스러웠을 게 아닙니까? 우리는 우리 삶의 고통의 원인을 스스로 알게 되는 경우가 많습니다. 그러나 왜 이런 일이 나에게, 그리고 저들에게 임한 것인지 도무지 이해하기 어려울 때도 종종 있습니다. 고통의 한복판에서 우리는 고통의 원인을 알지 못해 무척 괴롭습니다. 38-39장에 나타난 하나님의 무수한 질문 역시 욥이 답할 수 없는 것들이 많습니다. 그 자체로 한계 많은 사람의 모습을 보여주는 것 같습니다. 그러나 훗날 욥은 자신의 삶의 의미를 깨닫게 됩니다. 그리고 우리 역시 시간이 지나고 나면, 그때 그 시절의 괴로움을 돌아보고 어느

드는 것이 네 명령을 따른 것이냐? 28 독수리는 바위에 집을
짓고 거기에서 자고, 험한 바위와 요새 위에 살면서, 29 거기
에서 먹이를 살핀다. 그의 눈은 멀리서도 먹이를 알아본다.
30 독수리 새끼는 피를 빨아먹고 산다. 주검이 있는 곳에 독
수리가 있다.

정도 깨닫게 됩니다. 그래서 욥기는 재앙의 한가운데 있는 이들을 향한 말씀이라고 할 수 있습니다. 나뿐만이 아니라, 욥 역시 시련의 이유를 알지 못한 채 괴로워하며 하나님께 부르짖었다는 점이 고난 중에 있는 이들에게 놀랍게도 힘과 위로가 되고 도움이 됩니다.

{ 제40장 }

1 주님께서 또 욥에게 말씀하셨다. 2 전능한 하나님과 다투는
욥아, 네가 나를 꾸짖을 셈이냐? 네가 나를 비난하니, 어디,
나에게 대답해보아라.
3 ○ 그때에 욥이 주님께 대답하였다. 4 저는 비천한 사람입
니다. 제가 무엇이라고 감히 주님께 대답할 수 있겠습니까?
다만 손으로 입을 막을 뿐입니다. 5 이미 말을 너무 많이 했습
니다. 더 할 말이 없습니다.
6 ○ 그러자 주님께서 폭풍 가운데서 다시 말씀하셨다. 7 이
제 허리를 동이고 대장부답게 일어서서, 내가 묻는 말에 대답
하여라. 8 아직도 너는 내 판결을 비난하려느냐? 네가 자신을
옳다고 하려고, 내게 잘못을 덮어씌우려느냐? 9 네 팔이 하나
님의 팔만큼 힘이 있느냐? 네가 하나님처럼 천둥소리 같은 우
렁찬 소리를 낼 수 있느냐? 10 어디 한번 위엄과 존귀를 갖추
고, 영광과 영화를 갖추고, 11 교만한 자들을 노려보며, 네 끓
어오르는 분노를 그들에게 쏟아내고, 그들의 기백을 꺾어보

하나님은 욥의 하소연을 '비난'이나 '꾸짖음'으로 받아들입니다(2절). 인간의 중심을 다 아는 분이라더니 표현에 매여 속마음을 헤아리지 못한 해석이 아닐까요? 욥은 자신에게 임한 재난을 하나님께서 자신을 샅샅이 검사하신 것으로 여겨 괴로움을 토로했습니다. 그리고 자신에게 그토록 가혹하신 하나님께서 왜 세상의 악인들은 그냥 내버려두시는지도 물었습니다. 하나님께서는 욥의 항의를 들으셨습니다. 욥의 말을 '비난', '꾸짖음'으로 표현하지만, 그에 대해 하나님께서는 욥에게 '교만하다' 하지도, 욥이 잘못이나 죄악을 저질렀다고 정죄하지도 않으십니다. 하나님께서는 욥을 참으로 진지하게 대하며 그에게 응답하신 것입니다. '비난'이란 표현이 쓰였지만, 정작 문맥 자체는 욥의 큰 괴로움에 응답하신 하나님, 욥의 간절한 부르짖음에 응답하신 하나님입니다.

아라. 12 모든 교만한 자를 살펴서 그들을 비천하게 하고, 악
한 자들을 그 서 있는 자리에서 짓밟아서 13 모두 땅에 묻어보
아라. 모두 얼굴을 천으로 감아서 무덤에 뉘어보아라. 14 그
렇게만 할 수 있다면, 나는 너를 찬양하고, 네가 승리하였다
는 것을 내가 인정하겠다. 15 베헤못을 보아라. 내가 너를 만
든 것처럼, 그것도 내가 만들었다. 그것이 소처럼 풀을 뜯지
만, 16 허리에서 나오는 저 억센 힘과, 배에서 뻗쳐 나오는 저
놀라운 기운을 보아라. 17 꼬리는 백향목처럼 뻗고, 넓적다리
는 힘줄로 단단하게 감쌌다. 18 뼈대는 놋처럼 강하고, 갈비뼈
는 쇠빗장과 같다. 19 그것은, 내가 만든 피조물 가운데서 으
뜸가는 것, 내 무기를 들고 다니라고 만든 것이다. 20 모든 들
짐승이 즐겁게 뛰노는 푸른 산에서 자라는 푸른 풀은 그것의
먹이다. 21 그것은 연꽃잎 아래에 눕고, 갈대밭 그늘진 곳이
나 늪 속에다가 몸을 숨긴다. 22 연꽃잎 그늘이 그것을 가리
고, 냇가의 버드나무들이 그것을 둘러싼다. 23 강물이 넘쳐
도 놀라지 않으며, 요단강의 물이 불어서 입에 차도 태연하

'베헤못'(15절)이란 이름은 처음 들었습니다. 어떤 짐승을 가리키는 말입니까? 베헤못과 41장의 리워야단의 정체에 대해 여러 견해가 있지만, 어느 하나로 단정하기 어렵습니다. 크게, 이들이 실제의 동물이라는 견해가 있습니다. 그래서 베헤못은 하마, 리워야단은 악어로 여기기도 하지만, 본문의 내용은 그렇게 보기 어려운 부분도 많습니다. 심지어 공룡이라는 견해도 있지만, 욥이나 욥기의 저자가 공룡의 존재를 알 수는 없었을 것입니다. 그래서 많은 이들은 이들을 가상의 동물로 생각합니다. 구약성경은 태곳적의 신화적 괴물을 자주 언급하는데, 베헤못과 리워야단 역시 그런 존재로 보는 것입니다. '베헤못'은 '짐승'을 의미하는 히브리 단어의 복수형인데, 히브리어 복수형은 '장엄의 복수'라는 용법이 있습니다. 그래서 '베헤못'은 가상의 '가장 강력한 짐승'을 가리킨다고 볼 수도 있습니다. 어찌되었든 베헤못은 하나님께서 지으신 것으로 언급되면서(19절), 하나님의 강력한 능력을 보여줍니다.

다. 24 누가 그것의 눈을 감겨서 잡을 수 있으며, 누가 그 코
에 갈고리를 꿸 수 있느냐?

{ 제41장 }

1 네가 낚시로 리워야단을 낚을 수 있으며, 끈으로 그 혀를 맬
수 있느냐? 2 그 코를 줄로 꿸 수 있으며, 갈고리로 그 턱을 꿸
수 있느냐? 3 그것이 네게 살려달라고 애원할 것 같으냐? 그
것이 네게 자비를 베풀어달라고 빌 것 같으냐? 4 그것이 너와
언약을 맺기라도 하여, 영원히 네 종이 되겠다고 약속이라도
할 것 같으냐? 5 네가 그것을 새처럼 길들여서 데리고 놀 수
있겠으며, 또 그것을 끈으로 매어서 여종들의 노리개로 삼을
수 있겠느냐? 6 어부들이 그것을 가지고 흥정하고, 그것을 토
막 내어 상인들에게 팔 수 있겠느냐? 7 네가 창으로 그것의 가
죽을 꿰뚫을 수 있으며, 작살로 그 머리를 찌를 수 있겠느냐?
8 손으로 한번 만져만 보아도, 그것과 싸울 생각은 못할 것이

41장은 온통 '리워야단' 이야기뿐입니다. 이렇게 정체를 알 수 없는 사악한 괴수의 힘을 하나님이 이토록 길게 설명하는 이유는 무엇입니까? 40장 6절부터 41장 34절까지는 하나님의 두 번째 말씀입니다. 하나님께서는 이 말씀 첫머리에 '힘 있는 하나님의 팔과 하나님의 우렁찬 소리'를 언급하셨습니다(40:9). 그래서 하나님의 두 번째 말씀은 '하나님의 능력'에 초점이 있습니다. 베헤못과 리워야단은 하나님께서 지으신 짐승이면서 가장 강력한 존재인지라, 하나님의 능력을 드러냅니다. 베헤못 단락의 마지막인 40장 24절을 비롯해 41장 리워야단 단락 곳곳에서는 "네가 할 수 있느냐?" 혹은 "누가 할 수 있겠느냐?"라는 질문을 던지십니다. 이런 질문 역시 하나님의 능력을 증언합니다. 리워야단 앞에서도 능히 설 수 없는 사람이라면 어떻게 하나님 앞에 설 수 있겠습니까?(41:10)

다. 9 리워야단을 보는 사람은, 쳐다보기만 해도 기가 꺾이고,
땅에 고꾸라진다. 10 그것이 흥분하면 얼마나 난폭하겠느냐?
누가 그것과 맞서겠느냐? 11 그것에게 덤벼들고 그 어느 누
가 무사하겠느냐? 이 세상에는 그럴 사람이 없다. 12 리워야
단의 다리 이야기를 어찌 빼놓을 수 있겠느냐? 그 용맹을 어
찌 말하지 않을 수 있겠느냐? 그 늠름한 체구를 어찌 말하지
않고 지나겠느냐? 13 누가 그것의 가죽을 벗길 수 있겠느냐?
누가 두 겹 갑옷 같은 비늘 사이를 뚫을 수 있겠느냐? 14 누
가 그것의 턱을 벌릴 수 있겠느냐? 빙 둘러 돋아 있는 이빨은
보기만 해도 소름이 끼친다. 15 등비늘은, 그것이 자랑할 만
한 것, 빽빽하게 짜여 있어서 돌처럼 단단하다. 16 그 비늘 하
나하나가 서로 이어 있어서, 그 틈으로는 바람도 들어가지 못
한다. 17 비늘이 서로 연결되어 꽉 달라붙어서, 그 얽힌 데가

하나님의 위대함과 인간의 무지를 강조한다는 점에서, 결국 하나님은 친구들의 손을 들어준 셈인가요? 창조주 하나님에 대한 언급은 엘리바스의 말(5:9–10), 욥의 말(26:7–14), 엘리후의 말(36:26–33; 37:2–12, 15–18)에서 볼 수 있고, '지혜시'라 할 수 있는 28장에서도 볼 수 있습니다(28:23–27). 엘리바스와 엘리후는 하나님의 전능하심과 창조 세계를 주관하심에 근거해, 이렇게 능력 있는 하나님께서 행하시는 일이니 틀림이 없고, 그래서 욥에게 임한 재난은 하나님의 심판이며 욥은 회개해야 한다고 결론을 내립니다. 반면 욥 역시 하나님의 창조를 굳게 붙잡고 있습니다. 마지막에 등장하신 하나님 역시 하나님의 창조와 전능을 알리십니다. 그러나 하나님의 말씀은 욥을 정죄하는 것으로 이어지지 않습니다. 견디기 어려운 현실 속에서 하나님을 향해 부르짖는 욥에게 마침내 하나님께서 나타나셨고, 하나님의 능력과 온 세상을 주관하심을 알리셨습니다. 하나님의 대답은 욥을 향한 책망이 아니라 욥을 향한 위로요, 격려였을 것입니다. 온 세상을, 심지어 베헤못과 리워야단 같은 강력한 피조물까지 주관하시는 하나님께서 욥이 고통을 겪는 현실도 돌아보실 것이기 때문입니다. 그래서 하나님의 대답은 '창조 신앙'이 고난 속에서 하나님의 주권과 능력을 신뢰하도록 이끄는 위로의 기능을 갖고 있다는 것을 보여줍니다.

떨어지지도 않는다. 18 재채기를 하면 불빛이 번쩍거리고, 눈
을 뜨면 그 눈꺼풀이 치켜 올라가는 모양이 동이 트는 것과 같
다. 19 입에서는 횃불이 나오고, 불똥이 튄다. 20 콧구멍에서
펑펑 쏟아지는 연기는, 끓는 가마 밑에서 타는 갈대 연기와 같
다. 21 그 숨결은 숯불을 피울 만하고, 입에서는 불꽃이 나온
다. 22 목에는 억센 힘이 들어 있어서, 보는 사람마다 겁에 질
리고 만다. 23 살갗은 쇠로 입힌 듯이, 약한 곳이 전혀 없다.
24 심장이 돌처럼 단단하니, 그 단단하기가 맷돌 아래짝과 같
다. 25 일어나기만 하면 아무리 힘센 자도 벌벌 떨며, 그 몸부
림치는 소리에 기가 꺾인다. 26 칼을 들이댄다 하여도 소용이
없고, 창이나 화살이나 표창도 맥을 쓰지 못한다. 27 쇠도 지
푸라기로 여기고, 놋은 썩은 나무 정도로 생각하니, 28 그것
을 쏘아서 도망치게 할 화살도 없고, 무릿매 돌도 아예 바람에
날리는 겨와 같다. 29 몽둥이는 지푸라기쯤으로 생각하며, 창
이 날아오는 소리에는 코웃음만 친다. 30 뱃가죽은 날카로운
질그릇 조각과 같아서, 타작기가 할퀸 진흙 바닥처럼, 지나간
흔적을 남긴다. 31 물에 뛰어들면, 깊은 물을 가마솥의 물처럼
끓게 하고, 바다를 기름 가마처럼 휘젓는다. 32 한번 지나가

문득 궁금해집니다. 욥기는 실제 사실의 기록인가요, 아니면 하나님의 위대함을 설명하기 위한 우화인가요? 우리는 욥기를 읽고 욥의 존재를 증명할 수 없습니다. 욥기 외에는 욥의 존재나 여기에 등장하는 사건의 존재를 확인할 방법이 없기 때문입니다. 1-2장에 나오는 하나님과 사탄의 대화 역시 오늘날 우리로서는 도무지 확인할 길이 없는 내용입니다. 그래서 욥기는 '실제 사실' 여부를 결코 밝힐 수 없는 책입니다. 고대인들에게는 '실제 사실의 기록'과 '신화적 배경을 사용한 이야기' 사이의 간격이 크지 않았을 것입니다. 실제 사실 여부와는 상관없이, 욥기는 현재의 모습 그대로 인간의 곤고한 실존과 고민, 고통, 그리고 세상에 존재하는 재앙의 원

면 그 자취가 번쩍번쩍 빛을 내니, 깊은 바다가 백발을 휘날리
는 것처럼 보인다. 33 땅 위에는 그것과 겨룰 만한 것이 없으
며, 그것은 처음부터 겁이 없는 것으로 지음을 받았다. 34 모
든 교만한 것들을 우습게 보고, 그 거만한 모든 것 앞에서 왕
노릇을 한다.

인과 의미, 하나님의 존재의 의미에 대한 깊은 깨달음을 전해주는 책입니다. 욥의 실존 여부 때문이 아니라, 그 안에 담긴 내용이 이 책을 수천 년간 하나님의 말씀으로 여기며 널리 읽히게 했습니다.

{ 제42장 }

욥의 회개

1 욥이 주님께 대답하였다. 2 주님께서는 못 하시는 일이 없
으시다는 것을, 이제 저는 알았습니다. 주님의 계획은 어김없
이 이루어진다는 것도, 저는 깨달았습니다. 3 잘 알지도 못하
면서, 감히 주님의 뜻을 흐려놓으려 한 자가 바로 저입니다.
깨닫지도 못하면서, 함부로 말을 하였습니다. 제가 알기에는,
너무나 신기한 일들이었습니다. 4 주님께서 말씀하셨습니다.
"들어라. 내가 말하겠다. 내가 물을 터이니, 내게 대답하여라"
하셨습니다. 5 주님이 어떤 분이시라는 것을, 지금까지는 제

욥이 회개했다고 하는데(6절), 도대체 욥이 무슨 잘못을 저지른 것입니까? 만일 욥이 회개했다면, 결국 세 친구들과 엘리후의 말이 옳은 것이 됩니다. 그러나 하나님께서는 7절에서 욥의 말은 옳았으되, 세 친구들의 말은 옳지 못했다고 단언하십니다. 새번역성경이 '회개하다'로 옮긴 히브리말 동사는 '위로받다'는 의미로도 쓰입니다. 그리고 '티끌과 잿더미'는 회개의 상징이기도 하지만, 욥기에서는 욥이 처한 재난의 상징입니다(2:8, 12; 30:19). 욥을 괴롭게 한 것은 자신이 겪는 고난과 악인의 번성이었고, 하나님께서 그에 대해 아무런 말씀도 하지 않으신다는 점이었습니다. 그런데 하나님께서 마침내 나타나셔서 하나님의 계획과 세상을 주관하심, 그리고 하나님의 놀라운 능력을 욥에게 알리셨습니다! 그러므로 38–41장은 명백히 욥에게 위로였습니다. 욥은 자신이 처한 재난('티끌과 잿더미') 위에서 하나님께서 주시는 위로를 경험했습니다. 하나님과의 논쟁 중에 하나님께서 욥에게 '비난과 꾸짖음'이라 표현하시기도 했지만(40:2), 욥은 하나님의 대답을 듣고 자신의 주장을 거두었습니다(42:6). 이 과정은 욥의 잘못이나 죄가 아니라, 하나님을 향한 문제 제기와 그에 대한 하나님의 대답에서 일어난 상황입니다. 6절을 회개가 아니라 '위로'로 이해할 때, 이어지는 7–8절 내용과도 연결되고, 1–2장에서 보여준 욥의 온전함과도 들어맞습니다.

가 귀로만 들었습니다. 그러나 이제는 제가 제 눈으로 주님을
뵙습니다. 6 그러므로 저는 제 주장을 거두어들이고, 티끌과
잿더미 위에 앉아서 회개합니다.

결론

7 ○ 주님께서는 욥에게 말씀을 마치신 다음에, 데만 사람 엘
리바스에게 이렇게 말씀하셨다. "내가 너와 네 두 친구에게 분
노한 것은, 너희가 나를 두고 말을 할 때에, 내 종 욥처럼 옳게
말하지 못하였기 때문이다. 8 그러므로 이제 너희는, 수송아
지 일곱 마리와 숫양 일곱 마리를 마련하여, 내 종 욥에게 가
지고 가서, 너희가 용서받을 수 있도록 번제를 드려라. 내 종
욥이 너희를 용서하여달라고 빌면, 내가 그의 기도를 들어줄
것이다. 너희가 나를 두고 말을 할 때에, 내 종 욥처럼 옳게 말
하지 않고, 어리석게 말하였지만, 내가 그대로 갚지는 않을 것

하나님은 욥의 친구들에게 용서의 조건으로 제사와 사면을 구하는 욥의 기도를 요구합니다(8절). 오늘날의 기독교인들에게도 같은 조건이 적용됩니까? 수송아지 일곱 마리, 숫양 일곱 마리로 드리는 용서의 번제는 구약성경 다른 곳에서는 찾아볼 수 없습니다. 그래서 욥기의 이 구절은 용서의 기준을 말하는 게 아니라, 친구들의 잘못이 얼마나 큰지를 보여주는 데 초점이 있다고 이해하는 것이 좋겠습니다. 숫자 7은 구약성경에서 늘 '하나님의 완전하심'을 나타내는 숫자입니다. 수송아지 일곱, 숫양 일곱을 드려야 할 만큼, 친구들의 잘못이 큽니다. 그리고 모든 제사는 하나님께 드려지는 것인데 굳이 욥에게 찾아가 번제를 드리라고 명령하신 까닭은 당사자에게 제대로 사과하라는 의미로 이해할 수 있습니다. 재난을 겪은 사람을 향해 그가 당한 재난을 분석하면서 죄 때문이라 말하는 짓은 이토록 큰 죄입니다. 그리고 이웃에게 저지른 잘못은 하나님과 해결하기 이전에 먼저 자신의 잘못으로 피해를 입은 당사자에게 찾아가 제대로 사과해야 합니다.

이다.” 9 그래서 데만 사람 엘리바스와 수아 사람 빌닷과 나아
마 사람 소발이 가서, 주님께서 그들에게 말씀하신 대로 하니,
주님께서 욥의 기도를 들어주셨다.

주님께서 욥에게 복을 주심

10 ○ 욥이 주님께, 자기 친구들을 용서해달라고 기도를 드리
고 난 다음에, 주님께서 욥의 재산을 회복시켜주셨는데, 욥이
이전에 가졌던 모든 것보다 배나 더 돌려주셨다. 11 그러자 그
의 모든 형제와 자매와 전부터 그를 아는 친구들이 다 그를 찾
아와, 그의 집에서 그와 함께 기뻐하면서, 먹고 마셨다. 그들
은 주님께서 그에게 내리신 그 모든 재앙을 생각하면서, 그를
동정하기도 하고, 또 위로하기도 하였다. 그러면서 그들은 저
마다, 그에게 돈을 주기도 하고, 금반지를 끼워주기도 하였다.
12 주님께서 욥의 말년에 이전보다 더 많은 복을 주셔서, 욥
이, 양을 만 사천 마리, 낙타를 육천 마리, 소를 천 겨리, 나귀
를 천 마리나 거느리게 하셨다. 13 그리고 그는 아들 일곱과
딸 셋을 낳았다. 14 첫째 딸은 여미마, 둘째 딸은 긋시아, 셋째

욥기에서 독자들이 반드시 배워야 할 한 가지가 있다면 무엇입니까? 인간은 하나님 앞에서 어떤 태도를 가져야 합니까? 욥의 환난을 통해 욥의 친구들이 지닌 그럴싸해 보이는 신학과 신앙의 본질이 전부 드러납니다. 엘리후의 대단하고 자부심 가득한 신학의 한계도 드러납니다. 이처럼, 고통받는 우리 이웃은 그럴듯해 보이는 우리 신앙의 현실, 우리 사회의 현실을 적나라하게 보여줍니다. 나의 신학으로 이웃을 규정하는 것이 아니라, 이웃의 고통을 귀 기울여 듣는 것이 가장 중요합니다. 욥의 회복을 말하는 10–17절에서 가장 두드러진 점은 딸들에 대한 욥의 행동입니다. 1장에서 욥의 아들들은 생일마다 온 가족을 자기 집에 초대해 잔치를 여는데(1:4,

딸은 게렌합북이라고 불렀다. 15 땅 위의 어디에서도 욥의 딸
들처럼 아리따운 여자를 찾아볼 수 없었다. 더욱이 그들의 아
버지는, 오라비들에게 준 것과 똑같이, 딸들에게도 유산을 물
려주었다.
16 ○ 그 뒤에 욥은 백사십 년을 살면서, 그의 아들과 손자 사
대를 보았다. 17 욥은 이렇게 오래 살다가 세상을 떠났다.

13), 딸들의 집은 보이지 않습니다. 그러나 42장에서 회복된 욥은 딸들을 멋진 이름으로 부르며 아들과 마찬가지로 유산을 물려주었습니다. 욥이 달라진 모습을 단적으로 보여주는 것이 딸들에게도 유산을 준 이 행동입니다. 고통을 겪은 이가 아들과 딸을 동등하게 대했다는 점은 무척 의미심장합니다. 하나님의 능력과 계획을 신뢰하며, 하나님을 경외하고 때로 부르짖기도 하면서 지금 우리가 할 수 있는 일을 하는 삶의 태도를 욥에게서 배웁니다.

창세기 우주와 세상 만물, 시간, 인류가 어디서 비롯되었으며 어떻게 존재하게 되었는지 설명한다. 한편으로는 하나님께서 손수 인간을 빚어 만드신 뜻은 무엇이며, 그 하나하나와 어떤 관계를 맺고 싶어 하시는지, 인류를 향해 어떤 계획과 기대를 가지고 있으며 또 무얼 약속하시는지, 그 약속이 어떻게 한 세대에서 다음 세대로 꿋꿋이 흘러내려 갔는지 그려낸다. 천지창조의 파노라마에서 출발해서, 약속을 간직한 야곱 일가가 기근을 피해 이집트로 내려가 정착한 내력으로 마감된다.

출애굽기 이집트에서 종살이를 하던 이스라엘 백성의 탈출기. 하나님은 모세라는 지도자를 내세워 가혹한 착취와 노역에 시달리던 이스라엘 백성을 건져내 약속의 땅으로 안내하신다. 끝까지 거부하고 버티는 파라오에게 내린 열 가지 엄청난 재앙, 바다가 갈라져 길이 열리는 사건을 비롯해 하나님께서 이스라엘 백성에게 베푸신 갖가지 기적 등 흥미진진한 이야기들이 실려 있다. 두고두고 지키도록 하나님께서 직접 정해주신 여러 절기와 예배의식, 법률 제도 등도 볼 수 있다.

레위기 이스라엘 백성이 지켜야 할 규칙을 모은 법률서. 언약을 품은 백성이 깨끗한 삶과 마음으로 하나님과 친밀한 관계를 맺으며 살아갈 여러 방법을 구체적으로 제시한다. 하나님께 드리는 제사와 제물의 종류, 제사장의 자격과 권위, 정결한 짐승과 부정한 짐승, 성적인 규례, 결혼과 가정을 둘러싼 제도, 사형으로 다스려야 할 범죄, 땅의 소유권, 안식년과 희년 제도 등을 자세히 다룬다.

민수기 두 차례의 인구조사 기록을 밑그림으로 이스라엘 백성의 광야 생활을 따라간다. 종살이에서 풀려난 감격은 어느 결에 사라지고 불평과 불만이 이스라엘 백성 가운데 자리 잡는다. 원망은 모세와 그 가족, 그리고 실질적으로는 하나님을 향하기에 이르고, 마침내 온 백성이 불순종의 대가를 치르게 된다. 이집트에서 출발한 첫 세대는 영영 약속의 땅에 들어가지 못하고 광야에서 스러지고 만다.

신명기 약속의 땅을 코앞에 두고, 모세가 이스라엘 백성에게 남긴 마지막 당부. 모세는 이집트의 손아귀에서 벗어난 뒤로 40년에 걸쳐 광야를 떠돌았던 세월을 되짚는다. 하나님을 외면하고 우상을 숭배했던 죄를 지적하는 한편, 그럼에도 불구하고 조금도 부족함 없이 먹이고 입힌 하나님의 돌보심을 일깨운다. 이어서 율법의 가르침을 일일이 꼽아가며 하나님 앞에서 거룩하게 사는 일이 얼마나 중요한지 강조한다. 하나님의 법에 따르는 이가 누릴 축복과 거부하는 이에게 향하는 저주를 낱낱이 열거한다. 모세가 눈을 감으면서 이스라엘 역사도 새로운 국면으로 넘어간다.

여호수아기 새로운 지도자 여호수아를 따라 요단강을 건넌 이스라엘 백성의 가나안 정복기. 하나님의 능력에 힘입어 견고하기 이를 데 없는 여리고 성을 무너뜨리면서 시작된 정복 전쟁은 치열한 공방을 거듭하며 길게 이어진다. 하나님께서 알려주신 전투 원칙에 충실했을 때는 어김없이 승리를 거뒀지만, 자만해서 또는 속임수에 넘어가 명령을 어겼을 때는 막대한 피해를 입었다. 여호수아는 싸워 얻은 땅들을 각 지파에 나눠주고, 끝까지 하나님께 충실하겠다는 백성의 다짐을 받는다.

사사기 모세와 여호수아 이후, 이스라엘에 임금이 나오기 전까지 긴 세월 동안 백성을 다스렸던 숱한 지도자(사사)들의 이야기. 약속의 땅에 자리를 잡았지만, 이스라엘 백성은 누가 자신들의 참 하나님인지를 이내 잊고 말았다. 신앙은 흐트러지고, 우상숭배가 만연했다. 세상은 거칠어졌고, 틈만 나면 뭇 민족들의 침략과 압제에 시달렸다. 하나님은 그때마다 사사들을 세워 백성을 구출하고, 그분과 맺은 약속을 소중히 여기라고 요구하신다.

룻기 사사 시대에 살았던 룻이라는 여인의 일대기. 독특하게도 주인공 룻은 히브리인이 아니었다. 멸시의 대상이었던 이방인, 그것도 이스라엘과 적대지간인 모압의 여인이 어떻게 히브리 역사의 한 장을 차지하게 되었을까? 남편과 사별하고, 먹고살 길조차 막막했던 이방 여인이 율법이 정한 의무를 충실히 이행하려는 진실한 사내와 만나 건강하고 안정된 삶을 회복하는 이 단순한 이야기가 오늘을 사는 우리에게 전하는 메시지는 무엇일까?

사무엘기상 사사의 시대가 마무리되고 왕의 통치가 시작되는 시기의 거대한 역사 드라마. 주요 등장인물은 사무엘, 사울, 다윗이다. 일찌감치 제사장 손에 맡겨져 성전에서 살았던 사무엘은 곧바른 사사로 성장하고, 이스라엘의 왕정을 여는 중책을 맡는다. 첫 왕 사울은 뛰어난 자질을 가졌지만 제 힘과 능력을 과신한 탓에 서서히 몰락의 길을 걷는다. 하나님의 명령에 따라 사무엘은 다시 다윗에게 기름을 붓고 왕위를 넘긴다. 저 유명한 '다윗과 골리앗'의 한판 승부 이야기도 여기서 볼 수 있다.

사무엘기하 이스라엘 역사를 통틀어 가장 위대한 임금으로 꼽히는 다윗의 통치와 추락을 그린다. 난국을 진정시키고 왕위에 오른 그는 주변 국가들을 잇달아 굴복시키고 빼앗겼던 법궤를 되찾았으며, 영토를 크게 넓혀 강국으로 성장할 토대를 놓는다. 하지만 간통을 저지르고 충직한 부하를 사지에 내몰아 죽게 하는 치명적인 범죄를 저지르면서 단번에 추락하고 만다. 이윽고 사랑했던 아들이 반란을 일으키고, 함께 사지를 넘나들었던 신하들이 갈라져 서로 죽이는 비극적인 사태가 벌어진다.

열왕기상 솔로몬과 그 이후에 등장한 왕들, 그리고 걸출한 예언자들의 행적을 기록한 책. 왕위 다툼의 최종 승자가 된 솔로몬은 통치 초기, 대대적인 제사를 드리고 웅장한 성전을 건축하는 등 하나님을 향한 진심을 드러낸다. 하지만 명성과 권력이 드높아지자 초심을 잃고 백성에게 높은 세금과 힘든 노역을 강요하는 한편, 끝없는 정략결혼으로 동맹을 늘려간다. 결국 솔로몬이 눈을 감기 무섭게 왕국은 이스라엘과 유다로 갈라진다. 두 나라는 제각기 왕위를 이어가며 끝없이 부대낀다. 하나님은 엘리야를 통해 권능을 드러내 보이며 거룩한 약속을 상기시키고 회개를 촉구하신다.

열왕기하 이스라엘과 유다 왕국이 차례로 무너져 내리는 쇠락의 역사를 다룬다. 하나님은 예언자들을 숱하게 보내 멸망을 경고하고 바른길로 돌아서길 요구하시지만, 두 나라의 대다수 임금들은 귀를 단단히 틀어막고 거룩하지 못한 삶으로 오로지한다. 예언자 엘리야의 뒤를 이은 엘리사는 수없이 많은 기적들을 일으키고 개혁을 부르짖었지만, 보람을 얻지 못한다. 결국 북쪽 이스라엘은 앗시리아에, 남쪽 유다는 바빌론에 차례로 멸망당하고 만다.

역대지상 아담부터 다윗에 이르는 이스라엘의 방대한 족보, 그리고 다윗이 통치하던 시절의 역사를 기록한 책. 족보는 포로로 끌려갔다 간신히 고향으로 돌아온 이스라엘 백성에게 민족의 정체성을 확인시키고 궁극적으로 되돌아가야 할 지점이 어디인지 가리켜 보여준다. 족보를 상세하게 소개한 뒤에는 언약궤를 되찾고 성전 지을 준비를 완벽하게 갖춰놓았던 다윗 임금에 초점을 맞춘다. 다윗 왕국은 영광스러운 역사의 첫 줄이었고, 성전은 하나님과 맺은 약속의 상징이었기 때문이다.

역대지하 역대지하는 솔로몬 왕국으로 시선을 돌린다. 솔로몬이 지은 성전이 얼마나 화려하고 웅장했는지, 그 안에 들어가는 기구 하나하나까지 상세히 그려가며 소개한다. 아울러 솔로몬의 부귀와 영화가 얼마나 대단했으며 지혜가 얼마나 탁월했는지 낱낱이 되새김질한다. 뒤를 이은 임금들의 발자취를 따라가며 이스라엘이 몰락하고 포로 신세가 되었음을 알리지만, 끝머리에는 고레스가 내린 해방 명령을 실어 또 다른 시대가 열릴 것임을 예고한다.

에스라기 페르시아로 끌려갔다가 풀려난 이스라엘 백성의 귀향, 그리고 성전과 성벽을 다시 세우는 힘겨운 씨름, 무너진 이스라엘 백성의 신앙을 되세우려는 선지자 에스라의 분투를 다룬다. 기적처럼 포로 신세에서 벗어나 고향으로 돌아온 백성은 감격 속에 제사를 드리고 성전과 성읍 재건에 나서지만, 완공을 보기까지는 악랄하고도 치밀한 적들의 방해 공작에 시달려야 했다. 뒤늦게 2진을 이끌고 이스라엘에 돌아온 에스라는 신앙이 형편없이 흐트러진 동포들의 모습에 경악하고 곧장 회복운동에 나선다.

느헤미야기 에스라와 비슷한 시대를 살았던 느헤미야가 고향으로 돌아와 펼친 개혁운동을 담고 있다. 바빌론에서 임금을 모시는 관리로 일하던 느헤미야는 재건 공사가 지지부진하다는 고국 소식에 귀환을 결심한다. 고향에 돌아온 느헤미야는 적대 세력의 압박을 뿌리치고 여러 가문과 힘을 모아 재건 공사를 마무리한다. 마침내 공사가 끝나자, 이스라엘 백성은 한데 모여 율법을 낭독하고, 죄를 뉘우치고, 예배를 드리고, 삶의 자세를 가다듬었다.

에스더기 페르시아의 임금 아하수에로의 왕비가 된 유대 여인 에스더의 파란만장 일대기. 에스더가 포로의 처지에서 단번에 왕비가 되었을 즈음, 유대인들은 총체적인 난국을 맞는다. 임금의 총애를 받는 고관 하만이 자신에게 고분고분 고개를 숙이지 않는 유대인들을 모조리 말살하기로 작정하고 실행에 들어간 까닭이다. 에스더는 제 목숨을 내놓고 동족을 살리는 데 앞장선다.

욥기 더없이 풍요롭고 행복한 삶을 누리던 이가 하루아침에 가진 걸 다 잃어버리고 고통의 수렁에 빠진다면, 그이의 뇌리엔 어떤 생각들이 오갈까? 나무랄 데 없이 선한 성품, 풍요로운 삶, 화목한 가정까지 무엇 하나 모자람 없던 욥은 거대한 불행에 휩쓸려 고통의 바다 깊숙이 가라앉고 만다. 친구들은 잘못한 게 있으니 벌을 받는 게 아니냐고 하지만, 욥으로선 불행의 원인을 도무지 가늠할 수 없다. 토론이 이어지고 목소리가 높아지지만, 결론은 나지 않는다. 이제 하나님의 답을 들어볼 차례다. 그분은 무어라 하시는가?

시편 하나님의 백성이 부르는 노래 모음. 다윗과 솔로몬을 비롯해 여러 시인들의 노래를 모았다. 하나님의 됨됨이와 이루신 일들을 높이고 찬양하는 노래가 많지만, 그것이 전부는 아니다. 더러는 베풀어주신 은혜에 감격하기도 하고, 괴로움을 호소하며 도움을 구하기도 하고, 허물을 고백하고 용서를 구하기도 하고, 하나님께서 주신 약속을 되새기기도 하며, 예배의 즐거움을 노래하기도 한다.

잠언 하나님을 임금으로 삼고 사는 백성의 눈으로 어떻게 세상을 살아야 할지 간결하게 정리한 글 모음. 지혜가 얼마나 소중한 보물인지 누누이 설명한 뒤, 좋은 친구를 사귀고, 슬기로운 말을 하고, 게으름과 성적인 유혹을 피하는 법 등 다양한 주제를 다룬다. 흔히 보는 교훈집이나 금언서와는 출발이 다르다. 잠언은 지혜의 근원을 하나님에 두는 까닭이다.

전도서 땅에 코를 박고 사는 이들에게 삶의 본질을 가리켜 보이며 고개를 들어 하늘을 올려다보라고 가르치는 책. "헛되고 헛되다. 모든 것이 헛되다"라는 선언에서 출발해 무슨 일이든 때가 있는 법임을 일깨운다. 인생은 불공평하며 한 치 앞도 알 수 없지만, 조바심칠 게 아니라 오늘을 살며 하나님을 바라보라고 권한다.

아가 두 연인이 나누는 사랑 노래. 낯빛이 까만 여인과 왕이기도 하고 목자이기도 한 사내는 끝없이 연모하고, 사랑을 나누며, 혼인의 즐거움을 만끽하고, 더불어 춤을 춘다. 둘이 서로를 그리워하며 쏟아내는 고백은 다정하고, 안타까우며, 사랑스럽고, 더러 에로틱하기까지 하다.

이사야서 네 임금의 치세와 흥망성쇠를 지켜본 선지자 이사야는 유다와 예루살렘에 관한 환상을 보고 백성에게 하나님이 주신 메시지를 선포한다. 하나님께 등을 돌린 '죄지은 민족, 허물이 많은 백성, 흉악한 종자, 타락한 자식들'을 향해 심판이 코앞에 닥쳤음을 경고하는 반면, 다른 한편으로는 그럼에도 불구하고 더없이 큰 권세로 구원하시는 하나님의 사랑을 선포한다.

예레미야서 유다가 막바지를 향해 치닫던 시절에 활동했던 예언자 예레미야가 전하는 하나님의 메시지. 멸망이 코앞에 닥쳤으니 당장 뉘우치고 돌아서라 외쳤기에 백성의 격렬한 반발을 샀다. 임금과 백성의 비위를 맞추기에 급급한 사이비 예언자들의 모욕을 감수해야 했고, 옥에 갇히기도 했다. 하지만 예레미야는 암울한 미래를 예고하는 데 그치지 않고 하나님의 약속이 회복되는 궁극적인 미래를 가리켜 보인다.

예레미야 애가 유다의 참담한 미래를 내다보고 탄식하며 눈물짓는 예언자의 노래. 백성은 사로잡혀 사방팔방으로 뿔뿔이 흩어지고, 거룩한 성 예루살렘은 황폐해져 적막이 감돈다. 예언자는 이 모두가 마땅히 치러야 할 죗값임을 지적하고, 고아의 처지가 된 백성을 기억해주시길 하나님께 호소한다.

에스겔서 포로로 끌려간 바빌론에서 예언자로 활동했던 에스겔의 메시지. 앞선 책의 예언자들처럼 유다와 뭇 나라들에 쏟아질 하나님의 심판을 선포하고, 예루살렘의 회복과 축복을 예고하며, 하나님께서 더없이 가까이 함께해주실 미래를 소망한다. 책을 가득 채운 기이하고 기묘한 행적과 환상들은 이런 메시지들을 생생하게 전달하고 깊이 각인시킨다.

다니엘서 포로의 처지로 바빌론 왕궁에 살며 집중 관리를 받았던 유다 청년 다니엘이 하나님을 향한 순수한 마음을 지키기 위해 벌였던 씨름, 그리고 그이가 꿈에 보았던 놀라운 환상을 기록한 책. 한결같은 신앙을 가졌던 까닭에 다니엘은 일생일대의 위기를 겪지만, 하나님의 극적인 개입으로 목숨을 건진다. 후반부에는 다니엘이 보았던 기이한 환상과 상징들이 파노라마처럼 펼쳐진다.

호세아서 신앙적으로 한없이 타락하고 우상숭배가 극성을 부리던 이스라엘 땅에서 활동했던 예언자 호세아의 입을 통해 전하는 하나님의 메시지. 바람기 가득한 아내를 결코 포기하지 않고 줄곧 사랑을 이어가는 삶을 통해 하나님의 사랑이 얼마나 극진한지 한눈에 보여준다.

요엘서 유다와 예루살렘에 닥친 엄청난 자연재해를 소재로 예언자 요엘이 전한 하나님의 메시지. 예언자는 메뚜기 떼의 습격을 이민족의 침입에 빗대어 설명한 뒤, 뉘우치고 돌아오기를 기대하는 하나님의 마음을 전한다. 하나님은 진심으로 회개하면 재앙을 거두기도 하는 분임을 강조하며, 즉각적이고 전폭적인 회개를 촉구한다.

아모스서 종교적인 타락과 위선, 무너진 정의, 부패한 사회를 매섭게 비판했던 예언자 아모스가 전한 하나님의 메시지. 다마스쿠스와 모압을 비롯해 숱한 주변 국가들을 향한 하나님의 진노와 징계를 선포하고 이스라엘의 멸망을 예언하지만, 거룩한 질서가 회복된 미래에 대한 예고도 빼놓지 않는다.

오바댜서 예언자 오바댜의 입을 통해 에돔을 향한 노여움과 심판을 예고하시는 하나님의 메시지. 유다가 바빌론에 시달리는 모습을 지켜보며 돕기는커녕 도리어 웃음 짓던 오만한 에돔은 하나님의 손에 무너지고, 거룩한 백성이 승리를 거둘 것을 예고한다.

요나서 예언자 요나는 강대국 니느웨에 가서 죄를 꾸짖고 심판이 임박했음을 알리라는 하나님의 명령을 받지만, 순종 대신 도망을 택한다. 이후에 벌어지는 사건들은 속속들이 죄에 물든 인간일지라도 돌이키기만 하면 얼마든지 용서하시겠다는 하나님의 속내를 여실히 보여준다.

미가서 정의는 무너지고 죄악이 차고 넘치는 유다와 이스라엘을 꾸짖고, 거룩한 뜻과 질서가 지배하는 새로운 세상을 그려 보이며, 하나님께서 진정으로 원하시는 바가 무엇인지를 명쾌하게 제시한다.

나훔서 나훔이 선포한 하나님의 메시지로 '피의 도성, 거짓말과 강포가 가득하며 노략질을 그치지 않는 도성' 니느웨의 멸망을 예고한다. 하나님이 얼마나 크고 강하며 사랑이 가득한 분인지 설명하고, 그 권세가 어떻게 니느웨를 파멸에 이르게 할지 그림처럼 선명하게 보여준다.

하박국서 정의와 심판에 대한, 예언자 하박국과 하나님의 질의응답. 하박국은 세상에 이토록 불의가 가득한데 하나님은 어째서 짐짓 모른 체하시는가 따져 묻고, 하나님께서는 지체 없이 단호한 답변을 내놓으신다. 하박국은 "주 하나님은 나의 힘"이라는 고백으로 긴 대화를 마무리한다. 하나님은 과연 어떤 답을 주셨을까?

스바냐서 예언자 스바냐가 전하는 하나님의 메시지. 유다와 열방의 죄상을 통렬하게 지적하고 시시각각 다가오는 심판을 예고하는 한편, 징벌이 그치는 '그날이 오면' 축제 같은 즐거움이 가득하리라고 가르친다.

학개서 바빌론 포로 생활에서 풀려나 고국에 돌아온 뒤, 성전을 다시 세우기 위해 안간힘을 썼던 예언자 학개가 전하는 하나님의 메시지. 재건 작업이 지지부진한 현실 앞에서 성전을 다시 세우는 행위가 갖는 의미를 설파하고, "언약이 아직도 변함이 없고, 나의 영이 너희 가운데 머물러 있으니, 너희는 두려워하지 말라"는 거룩한 음성을 전달한다.

스가랴서 뿔과 대장장이, 측량줄, 대제사장 여호수아, 순금 등잔대와 두 올리브나무, 날아다니는 두루마리, 곡식 넣는 뒤주, 병거 네 대 등 기이하고 다양한 환상들을 기록하고, 선택한 백성을 향한 하나님의 구원 계획을 소개하는 예언자 스가랴의 글.

말라기서 구약성경의 마지막 책. 진실한 예배가 사라지고 말라비틀어진 형식만 남은 세상, 약자들이 억압받고 소외되는 불의한 사회를 고발하고, 하나님께서 '특사'를 보내셔서 온갖 불순한 동기와 행위들을 정결하게 하며 굽은 정의를 바로 세우시는 날이 기필코 오리라고 단언한다.

Bible in Hand | 교양인을 위한 성경 시리즈는 성경 원문의 뜻을 우리말 어법에 맞게 정확하게 번역한 〈성경전서 새번역〉 본문과 해제로 구성되어 있다. 성경을 읽으면서 생기는 질문에 답을 주는 질문과 해제 부분의 경우, 구약은 김근주 교수(기독연구원 느헤미야), 신약은 권연경 교수(숭실대 기독교학과)가 성경을 읽어가는 재미와 정보의 길안내를 맡았다.

구약

세상의 모든 처음
창세기 | 248p | 11,000원

영광의 탈출, 새로운 삶을 향하여
출애굽기 | 212p | 11,000원

시민의 조건
신명기 | 200p | 15,000원

선택, 어느 편에 설 것인가?
여호수아기 · 사사기 · 룻기 | 278p | 15,000원

왕국의 출발, 왕의 조건을 묻다
사무엘기(상 · 하) | 316p | 19,000원

남북왕조실록, 선택과 도태의 역사
열왕기(상 · 하) | 324p | 22,000원

하나님 없는 세상에서 하나님과 함께 살아가기
에스라기 · 느헤미야기 · 에스더기 | 192p | 9,000원

마음의 끝에서 부르는 새 노래
시편 | 358p | 19,000원

지혜와 삶과 사랑
잠언 · 전도서 · 아가 | 192p | 8,500원

어둠을 딛고 빛을 읽다
이사야서 | 278p | 15,000원

- **봄이다 프로젝트 페이스북** www.facebook.com/ltis.spring.2017
- **봄이다 프로젝트 블로그** https://blog.naver.com/hoon_bom
- **문의** hoon_bom@naver.com

신약

성취된 약속, 왕으로 온 메시아
마태복음서 | 188p | 10,000원

너희는 나를 누구라고 하느냐?
마가복음서 | 128p | 7,000원

예수 연대기 : 말구유에서 빈 무덤 너머까지
누가복음서 | 208p | 11,000원

검은 현실을 부수는 빛의 소리
요한복음서 | 156p | 8,000원

행진, 담대하게 거침없이
사도행전 | 176p | 8,500원

벼랑 끝 인생에게 주는 생존방정식
로마서 · 고린도전후서 · 갈라디아서 | 272p | 15,000원

살며, 사랑하며, 지키며
에베소서 · 빌립보서 · 골로새서 · 데살로니가전후서 · 디모데전후서 · 디도서 · 빌레몬서 | 208p | 15,000원

● Bible in Hand | **교양인을 위한 성경 시리즈**는 구약 17권, 신약 9권으로 2025년 완간 예정이다.

BIBLE in Hand 교양인을 위한 성경

고난을 해석하는 제3의 시선

구약 | 욥기

1쇄 발행일 2024년 8월 15일

펴낸이 최종훈
펴낸곳 봄이다 프로젝트
등록 2017-000003
주소 경기도 양평군 서종면 황순원로 414-58 (우편번호 12504)
전화 02-733-7223
이메일 hoon_bom@naver.com

책임편집 이나경 박준숙
디자인 designGo
표지 이미지 shutterstock
인쇄 SP

ISBN 979-11-92240-12-1
값 15,000원